図 柔術 説

小佐野 淳 著

新紀元社

はじめに

　このたび、『図説 柔術』を執筆する機会を得た。柔術は著者の日本古武道修行の原点であり、また、青年時代には最も興味を抱いた武術でもあった。元々は強くなりたいの一念で始めた武術であったから、徒手武術の柔術にのめり込んだのは当然の成り行きだった。

　著者が最初に学んだのは、佐藤金兵衛先生が創始された大和道である。大和道は古流各派の形の中から、現代にも護身術として有用な技法を選出し、それらを修行しやすいように初伝・中伝・奥伝に分けたものである。当時は、古流の柳生心眼流や浅山一伝流も修行したが、中国武術を併習していたから、いずれも満足のいくものではなかった。

　その後、古流柔術への興味は尽きることなく、柳生心眼流を皮切りに、仙台藩伝浅山一伝流、芸州坂伝渋川一流、斉田茂七派柳生心眼流、讃岐伝柴真揚流などを次々に修行した。

　その間、昭和59年には、大和道を基に自ら道場制定形を創り、日本柔術として国際武道院の日本柔術部会に加盟して指導を続けてきた。

　数年前より国際武道院の海外派遣講師として、ドイツやハンガリーで柔術を指導する機会を得たが、そのときに自ら指導する柔術の「テキスト」や「マニュアル」の必要性を痛感した。柔術が「ジュージュツ」として100年以上も前からヨーロッパでは市民権を獲得している。その発信地たる日本に柔術の手頃な解説書がないのは誠に遺憾である。

　本書は、このような事情を鑑み、柔術を修行する人はもちろん、柔術や他の格闘技を見る人、楽しむ人にも柔術を理解してもらうために、基礎的・初歩的なことから、専門的なことまで広く論述してみた。読者の枯渇を少しでも潤すことができれば、著者として望外の喜びである。

　なお、本書は柔術の総合解説書であり、柔術技法を一般読者の方々に習得してもらうためのテキストではない。著者の門下生にとってはテキストとなるが、一般読者の方々が本書によって技の真似をすることは固く禁止する。

　最後に、本書の発刊までの間、出版社の方々や門下生には並々ならぬご協力を賜った。この場を借りて心より御礼申し上げたい。

平成十三年一月吉祥日
望嶽小庵にて　　　著者識

推薦文

国際武道院理事長
日本柔術部会師範
範士九段　佐藤静彌

　このたび小佐野淳氏が『図説 柔術』を出版されることになりました。小佐野氏は国際武道院の日本柔術・古武道の両部会に所属して、日本文化の華である日本武道の修練と術理の研鑽に励んでおられる方です。

　現在、日本で柔術という日本古来の武術を修業し、理解している者は少数で、広く行われている柔道と柔術を混同しているのが現状です。言うまでもなく、柔道は講道館柔道の創立者嘉納治五郎先生によって、古流柔術の技法を投げ技と固め技に体系化されたものです。また、その業の練習に際して、投げられても危険のないように受身法を考案したのが、柔道が盛んになった要因でもあります。柔術の極めは投げで、受身の練習は不可欠です。柔術の修業者にとって、いかなる場合でも身を護るための体捌きと受身法の修練は欠かすことができない基本であり、私も実践しています。

　嘉納先生は、柔道の基本体系は未完成で、もっと技の研究をして、武道として完成させなければならないと考えておられましたが、スポーツ化した柔道では望めません。外国ではスポーツ化した柔道では日本武道は学べないという者が多く、柔術の修業を志す者が増えております。しかし、残念なことに柔術に関する正しい内容をもった書物が少ない状態です。

　小佐野氏は今までも武道に関する本を書かれておりましたが、このたびの著者『図説 柔術』はその総集編といえるもので、内容とも待望の書であり、国内外の修業者に良き参考書として広範に読まれることを希望して推薦いたします。

Introduction

I have been given the opportunity to write this "Nihon Jūjutsu Illustrated".
Jūjutsu was the starting point of my practice of ancient Japanese martial arts. It is also the discipline I was the most interested in when I was young. I first started Jūjutsu with the wish of becoming stronger, then, I was naturally drawn toward barehand Jūjutsu.

The first style I learned was Daiwado, which was founded by Master Kinbe Sato. Daiwado is a selection of the most useful techniques from various ancient styles of Jūjutsu, which are also used today in the art of self-defense. These techniques are divided into three categories: shoden, chuden and okuden, to make them easier to practice.

At that time, I practiced two ancient styles: Yagyushingan-ryu and Asayama ichiden-ryu. But as I was learning Chinese kung-Fu at the same time, I was not satisfied by either of these styles. Later on, with my passion for ancient forms of Jūjutsu continuing to grow, after Yagyushingan-ryu and Asayamaichiden-ryu - which originated from the Fief of Sendai -, I successively took up the practice of the following styles: Shibukawaichi-ryu which comes from Saka in Geishu -, the Saida Moshichi style of Yagyushingan-ryu, Shibashinyo-ryu from Sanuki.

In 1984, I set up my own dojo to teach a style of Jūjutsu based on Daiwado. My school became affiliated with the Nihon Jūjutsu Division of the Kokusai Budoin.

Several years ago, I had the opportunity to teach Jūjutsu in Germany and Hungary as part of the Kokusai Budoin's overseas training program.

At this time I fully realized the necessity of having teaching materials such as textbooks and manuals on Jūjutsu. Jūjutsu has been taught in Europe for more than 100 years. It is extremely regrettable that Japan, the country which has been spreading Jūjutsu abroad, has proved unable to provide simple written explanations on this martial art. In such a context, I attempted, in this book, to explain the basic techniques as well as the more elaborate methods to Jūjutsu practitioners and also people who enjoy or just watch Jūjutsu and other combat sports. It would be greatly satisfying for me, if the reader could benefit from this book even to a modest extent.

This book aims at providing a comprehensive explanation of Jūjutsu. It is not designed as a manual for people without experience of this martial art. It is intended to serve as a guide for my pupils. Therefore, people without experience of Jūjutsu are strictly forbidden to try the techniques based on the explanations given in this book.

I would also like to take this opportunity to thank the publishers and my pupils for their valuable cooperation in the making of this book.

The author
January 2001

Foreword

It is my great pleasure to introduce Jun Osano's latest publication, the "Nihon Jūjutsu Illustrated". As a member of the Nihon Jūjutsu and Kobudo Divisions at the Kokusai Budoin, Osano is a dedicated practitioner of Japanese martial arts, which are an important aspect of our country's culture.

Regrettably, in modern day Japan, there are very few people who know the ancient forms of Japanese martial arts. Jūjutsu is merely seen as one aspect of Judo. Judo, or to be more specific, Kodokan Judo, which was founded by Master Jigoro Kano, is based on throwing and immobilization techniques found in ancient Jūjutsu systems. One of the reasons behind the popularity of Judo is that great emphasis is placed on Ukemi or falling techniques in order to learn safety during practice. Practicing falling techniques is also a vital part of Jūjutsu. Taisabaki and Ukemi are basic techniques every practitioner of Jūjutsu must practice. They constitute a major part of my training too.

According to Master Kano, the existing system of Judo techniques is still incomplete. Master Kano considered that all practitioners wishing to truly understand Judo must continually seek to perfect their art though earnest efforts. Despite this philosophy, the current trend in sport-oriented Judo is to limit the number of techniques. As many practitioners outside Japan feel they are unable to learn real Japanese martial arts through sport-oriented Judo, an increasing number of people wish to practice Jūjutsu.

Unfortunately, however, there are very few quality books on Jūjutsu techniques. Jun Osano has published several books on martial arts to date, but I believe this "Nihon Jūjutsu Illustrated" represents a brilliant summary of his past works. With its excellent content, I hope this reference book will assist a large number of Japanese as well as non-Japanese Jūjutsu practitioners.

I heartily recommend this book to enthusiasts both in Japan and in other countries.

Shizuya Sato
Chief Director, Kokusai Budoin, IMAF
Shihan Nihon Jūjutsu Division
Nihon Jūjutsu Hanshi 9th dan

図説 柔術 目次

目次

第1章
基礎知識

柔術の定義とその修行　18
日本柔術とは／三つの柔術
ヨーロピアン柔術の実態
現代における日本柔術
日本柔術の特徴と精神
柔術修行の意義／稽古着／形の意義
柔術修行の実際／稽古の本義
平戦両用の心構え／日本柔術の教習

技法の基礎知識　27
手解／柔術における敵の攻撃
受身／構え／形の想定／技の分類
柔術で用いる小道具
流儀について

日本柔術と中国拳法　34
術の名称／修行者／伝授形態
修行の場所／形の名称／技法の構成
仕合

第2章
歴史と流派の沿革

日本柔術の起こり　40
相撲と組討／竹内流捕手腰廻
捕手流儀／捕手の意義

草創期の代表的な柔術流派　45
関口流柔術／鏡山の紀州流相撲
堤宝山流／戸田流
浅山一伝流／楊心流

日本柔術の隆盛　47
竹内流の潮流
陳元贇に関わる三浪士の潮流
楊心流の潮流／関口流の潮流
制剛流の潮流／浅山一伝流の潮流
戸田流の潮流／その他の流儀

日本柔術の近現代　55
明治の柔術　―東京―
講道館柔道と大日本武徳会
明治の柔術　―地方―
日本柔術の変容／稽古着の変化
棒術の併習／海外への伝播
大東流合気柔術の創立
大正時代の柔術／昭和戦前の日本柔術
戦後の伝承と組織化

第3章
日本柔術の思想と教義

日本柔術の思想と教義　64
起倒流の「本体」
扱心一流の「本心」
関口流の「本心」
貫心流の「気」
関口流の柔理
楊心流の「風楊之位」
渋川流の「力」
真極流の「初学先習之事」
渋川流の「三綱領」
起倒流の「不動智」
天神真楊流の「不動心」
小栗流の「知我」
小栗流の「大事相伝」

第4章
柔術の技法

柔術の技法　72

関節技　74
関節技の定義／人体の陰陽
外曲と内曲／掛ける時機／指関節技
手首関節技／肘関節技／肩関節技
首関節技

投げ技　81
投げ技の定義
投げ技の方法による分類
投げ技の施術部位による分類

締め技と固め技　86
締め技の分類／喉締め／胴締め
腕締めと脚締め／固め技／捕縄術

当身技　93
当身技の定義／拳法・空手との違い
当身技の掛ける時機による分類
当身技に用いる身体の部位
当身の方法と効果／当身の感覚認識法
遠当／中国拳法の当身理論
当身技の伝授方式

活法と整復術　100
活法の位置付け／整復術の位置付け
活法の定義と分類および方法
活入の注意点／浅山一伝流活法
頭蓋内出血と脳震盪／脳活／畜生活
死相判別／整復術について／余滴

第5章
柔術の形

水月塾制定柔術形　106
日本柔術教習課程について

受身　108
前方回転受身　110
後方回転受身　112
前方受身　114
足裏受身　115
前方転回受身　116
後方転回受身　117
閻魔返し　118
俵返し　120

礼式　122

初伝逆取
一本目　外小手　124
二本目　閻魔　126
三本目　七里引　128
四本目　横固　130
五本目　捩閻魔　132
六本目　引落　134
七本目　肘落　136
八本目　腕緘　138
九本目　後引落　140
十本目　甲手挫　142

初伝逆投
一本目　四方投　144
二本目　捻返　146
三本目　肘枷投　148
四本目　首車　150
五本目　岩石落　152
六本目　紅葉返　154
七本目　甲手返　156
八本目　打込返　158
九本目　十字投　160
十本目　小葉返　162

中伝逆取
一本目　乳母車　164
二本目　両手取　166
三本目　諸手捕　168
四本目　巻込　170
五本目　巻留　172
六本目　綾詰　174
七本目　切手取　176
八本目　山陰　178
九本目　後引違　180
十本目　返落　182

中伝逆投
一本目　水車　184
二本目　腰車　186
三本目　合気投　188
四本目　袖落　190
五本目　衣投　192
六本目　引廻　194
七本目　拳砕　196
八本目　刈捨　198
九本目　山颪　200
十本目　後捕　202

奥伝逆取
一本目　引違　204
二本目　呼吸　206
三本目　小手捌　208
四本目　畳折　210
五本目　五月雨　212

六本目	引込	214
七本目	地獄詰	216
八本目	松風	218
九本目	後屏風	220
十本目	後詰	222

奥伝逆投

一本目	片手投	224
二本目	両手投	226
三本目	諸手返	228
四本目	肘返	230
五本目	手操	232
六本目	村雨	234
七本目	突身	236
八本目	逆背負	238
九本目	虚倒	240
十本目	釣舟	242

短棒術 244

短棒術の教程

片手取（短棒右手順）	246
両手取（短棒右手順）	248
右双手取（短棒右手順）	249
袖取（短棒右手逆）	250
紅葉締取（短棒右手順）	251
手首折（短棒左手順）	252
交叉締（短棒左手逆）	253
受身（短棒左手逆）	254
後両手取（短棒左手順）	255
返落（短棒右手順）	256

太刀捕 258

引倒	259
屏風倒	260
足捻	261
巻締	262

外無双	263
車投	264
小手返	266
負投	267
体落	268
獅子洞入	269

初伝段取　270

巻末付録

流儀一覧　280
人体の急所　298
旧国名日本地図　300
用語集　302

索引　309

コラム

001	飯篠長威斎家直と天真正	43
002	藩校と天領の柔術	53
003	体捌き	73
004	受身の本意	75
005	地獄絞のこと	88
006	関口流と小栗流の固め技	92
007	急所と経絡	97
008	接骨師	104
009	紅葉のこと	154
010	七里引のこと	168

※初出　第1章〜第4章
『武術通信』創刊号〜第10号、第12号、第13号（一部加筆・改編）

第一章 基礎知識

柔術の定義とその修行

日本柔術とは

　原則として武器を持たず、丸腰で闘う最も簡便な日本武術が柔術である。その成立過程については従来より様々な論が展開されてきたが、要約すれば、日本古来の相撲・甲冑組討が、江戸時代になって武士を担い手とする教育手段として昇華した徒手武術が柔術であると考えられている。

　武士の出現から数世紀にわたって闘いの方法論とされた甲冑組討の進歩は、単なる力の激突から脱皮して、いかに合理的に敵を倒せるかという「術」の要素をふくむようになる。そこに実戦経験から生まれた「理論」が形成され、理論がさらに具体化されて技法を導き、「事理一致」の武術形が成立する。それが近世になると、師から弟子へという伝授方式による武士教育としてさらに細分化され、多くの流儀が誕生した。

　戦国時代の終結とともに甲冑武術は少しずつ衰退していく。柔術の流儀によっては江戸の泰平期に入っても常に平戦両用のために平服柔術に並行して甲冑柔術を伝えるものがあった。しかし、主流は平服柔術に移行する。

　さらに、近世初期には大陸知識（中国思想）が導入され、平服武術に極めて奏功な当身術が発達する。武術が武士の教育課目になるにつれ、内容も神道・仏教・禅宗などの宗教的側面が融合して、戦闘の具から人間形成の具としての質的変換が見られるようになる。

三つの柔術

　本来は一つであるべき柔術が、時代の流れと変容に伴って、三つの柔術に大別されるようになった。三つの柔術とは「古流柔術」「現代柔術」「外国柔術」である。それぞれを簡単に説明すると次のようになる。

①古流柔術

　日本に近世より伝えられてきた伝統派の流儀柔術で、極めて崇高な理念と高度で精錬された至高の技法と思想を有している。日本文化独特の「形の修行」を主眼とし、礼節をことのほか重んじる。

②現代柔術

　現代柔術はさらに二分される。
　一つは古流柔術を基に取捨選択し、再編成したもの。
　もう一つは現代武道の柔道や合気道の技法を織り交ぜて柔術化したものである。
　双方、形の修行を重視するが、技法そのものを前面に押し出しているため、思想的文化的側面に関する内容は浅薄である。

③外国柔術

　外国柔術の多くは、明治後期から現代に至るまで、外国に渡った日本の柔道家や柔術家が教えた技法を基に、その国の人々によって再構築された柔術である。これにも大きな二つの流れがある。
　一つはブラジリアン柔術に発する格闘試合専門のグレイシー柔術とそれに類するもの。
　もう一つはあくまでも護身を目的とし

て、警察官や武道家に修行されているもので、これはヨーロッパで発達した。

　前者の格闘を前面に打ち出したものは「柔術」といいながら武道の範疇には入らない別物である。著者はこの格闘技が「柔術」という語を用いることは不適切だと思っている。少なくともこの格闘技には「柔」の思想は皆無であり、本来、形の修行や礼節を重んじる真の柔術の要素を一つも有していないからである。

　後者は日本柔術の思想や哲理を失ってはいるが、形を保持し、いたずらに競技化しない武の精神は「柔術」と呼ぶのにやぶさかではない。しかし、この柔術も技法そのものは柔術本来のあるべき姿から大きく逸脱している。

ヨーロピアン柔術の実態

　ヨーロピアン柔術が日本柔術から脱皮して、より高水準に淘汰されればよいが、前述のとおり、近世に完成した日本柔術は、現代人の改良の余地がまったくないというべき水準にある。したがって、変質が激しいものほど、その質的水準は低下していると見て、まず間違いはない。

　第一に、当身が多すぎる。攻撃してきた敵に対して投げる前に三発も四発も当身を入れる。それだけですでに戦闘意識を失っている敵を、投げた後にさらに当身を入れ、おまけに力づくで締め上げる。派手さと荒々しさだけがはびこり、「柔（やわら）」や「静（せい）」や「位（くらい）」といった柔術における最も大事な部分がことごとく欠如している。当身もこれぞとばかりに破壊さながらに入れる。柔術の当身は殺しの手段ではない。

　第二に、ヨーロピアン柔術には美学がない。技そのものは現代社会においては実用的かもしれないが、敵方（受方（うけかた））のやられる姿があまりにも無様なのである。日本でも大東流（だいとう）合気柔術では敵を無

国際武道院の外国会員による
ヨーロピアン柔術の演武

様な格好に固める技法が多いが、古来、日本柔術にはそのような見苦しい固め技は存在しない。大東流は完全な近代柔術であり、古武道としての条件を満たしていない。敵側の動作や姿にも美が要求されるのが、日本武術全般の普遍的共通事項である。演武に際して敵方（受方・打太刀）は上段者が受けもつことが、古来からの鉄則であるから、無様な姿を人様に披露するわけにはいかないのである。現在の合気道のように師範が弟子をバッタバッタと投げ飛ばしたり、空手の模範演武のように師範が弟子を蹴り倒したりするのは誠に武の本意から外れる所業である。師範は弟子を導くのが役目であり、演武に際しては弟子に華を持たせるのが師範の任務である。その点、剣道では必ず上段者が打太刀を演じている。

こうした変容は教える側の指導方法に原因があるが、ヨーロッパの場合には民族的思想観念が強く働いているのもまた事実である。ヨーロッパのある国に柔術の十段がいるというので調査したところ、彼がやるのは手の指技専門で、指関節の逆を取る十段だという。そういう類いの自称大家が海外にはたくさんいる。

現代における日本柔術

著者の執筆する対象はあくまでも古流柔術、すなわち純粋なる日本柔術である。時代のニーズだからといって我意を加えてしまうと、それは純粋なる日本柔術とはいえなくなってしまう。武術は時代の変化に伴って変質していくべきものであるという見解もあるが、これらは真の伝統武術を修行したことのない者の愚論である。

古いものを我々がどのような視点でとらえるかは重要なことだ。多面的要素を含有する日本柔術からなにを学ぶかは、その人の柔術に対する視点の相違と受容能力に大きく左右され、多種多様である。学んだものをなにに転移し、なんの糧にするのかも個人の柔術に対する視点の相違によって一様ではない。

いずれにしても、その根底をなす柔術の技術そのものは永遠不変でなければならない。一見すると、現代人のニーズに応えているかのように見える現代の創作武道にはなんの価値もないと著者が主張する所以である。

近世の封建社会という時代環境において武士が創り、培い、修行した内容を、我々が自身の体をもって認識するのが日本の伝統文化の本意である。だから、日本の伝統芸能や武術を学ぶことを「練習」とはいわず「稽古」という。同時代に生きている人間が、同時代の人間の創った武術を学んでなんの価値があるといえるのだろう。日本の現代社会は欧米同化社会であり、そこで生まれたものは日本文化とはいえないはずである。

柔術の技法そのものは、現代社会にお

いてなんら役に立つものではない。平和な社会で日常生活を送っていれば、自身の身に危険が襲うことはまず稀である。それでは、今、なぜ柔術が必要なのだろうか。

日本柔術の特徴と精神

柔術の「柔」は特定の武器を表現したものではない。他の武術では使用する武器の名称が術の名称になっている。柔術は元来「やわら」と訓んだ。しかし、今では「じゅうじゅつ」と訓む。柔の文字は、近世の徒手武術を表現するのに最も適した文字だった。やわらかく取るのが柔術の特徴であり、「柔能制剛」が柔術の基盤だった。

柔術が他の武術と決定的に異なる部分は、最終の止めの技をもって敵を殺傷しないところにある。柔術には「神武不殺」の精神が根底に流れ、殺傷は最低下劣の行為とされている。殺さないために武器は所持しない。瞬時に逆手を取って捻り押さえ、あるいは当身を入れて投げて固める。これが柔術の技法である。当身は敵を倒す（殺す）ためのものではなく、投げや逆手を施すための崩しに用いるもので、柔術では特にそれを単独で稽古するようなことは稀である。

柔術修行の意義

著者が在籍している国際武道院には世界的に珍しい「日本柔術部会」があり、著者は現在、同部会の公認指導員および審議員を務めている。近年、外国では同部会への入会者が殺到している。いったい彼らはなにを求めているのだろうか。

日本柔術の教伝は、古流の場合、入門から免許皆伝までの過程にいくつもの段階があり、一つひとつの形にはすべて風流な名称がつけられている。その形を学ぶと同時に、形に内在する口伝を受けながら、学んだ形はすべて暗唱できるようにするのが鉄則である。最初は形名など教えず、ただ技だけを教えていればよいなどというのは決して正しい教授法ではない。

門人を吟味して、疑わしい者や品行方正でない者には「嘘を教える」などという珍説があるが、教伝（修行）の遅速に差はあっても、近世の武士教育において嘘を教えるということはまずあり得ない。現代においても嘘を教える道場はいつになっても門人が育たないということを、教えている本人がいちばんよく知っているはずである。

形を学ぶのに並行して、心や精神の鍛練を積む。真の武の心を備えた者は角がとれて丸みを帯び、心が豊かになり、社会からも認められるような人格者になる。ところが、ややもすると武術をすることによって社会から孤立し、自分本位になって他流や他人を誹謗中傷し、徒党を組んで武人にあるまじき行動をとる者がこの世界には多い。伝統流儀名を名乗りながら、とんでもないことを教えてい

るところがいくつもあるし、相伝書(そうでんしょ)を受けていない者が勝手に門人を取り立て、伝書を発行している例も少なくない。

稽古着

道場へ入ると、日常から非日常へと環境が一変する。その意味でも稽古着はなくてはならないものである。服装を変えることが意識の転換につながることはいうまでもない。元来、柔術の稽古着に袴(はかま)は付き物であったのに柔道は袴を取り去った。柔道着を真似した空手着は論外である。袴は競技では邪魔になるのはたしかであるが、柔術は本来競技ではない。柔術ではその技が実戦でどれほど使えるかということを試すこと自体、厳しく禁じている。門人に試合をさせて技の優劣を競わせるなど言語道断である。日本柔術の稽古に袴は必需品であり、邪魔な場合には股立(ももだち)を取って稽古をするのが昔からの慣習である。武士の稽古事であれば、服装もきちんとすべきである。

形の意義

一手一手の形(かた)は流祖や相伝者が規定した約束の手順によって演ずるが、だからといって、これらの形の修行では応用が利かないということはない。形はある境地に達すれば、その形は技として自由自在に応用できるようになるのが柔術の道理である。だから免許皆伝に至った人からは決してそのような愚言は出ない。形は正に真剣そのものである。約束であるからといっても、相手から決して目を離さないし、手順の間違いも許されない。そのため何度も何度も同じ形の稽古を繰り返す。気力の充実している形は生きているのである。特別な場所で日常から離れて非日常的なことを行ずることは、自我意識の形成にこれ以上の手段はない。

ここまで説けば、おおよそ柔術修行の意義もご理解いただけたものと思うが、最後にもう一つ書き加えておく。どのような稽古事も同じであるが、いくら優れたことを説いても、やりたくない者はやらないし、好きでやっている者はそんなことは考えない。精神修養もそれを目的

大正時代の神道六合流一門の集合写真。
鉢巻を締め、短い筒袖の上衣に
下衣は袴を着用している。
これが柔術稽古の正装である

としなくても、免許皆伝に至れば人間は自ずとできてくる。技と精神は表裏一体をなすものである。柔術を修行することが心身のリフレッシュにつながることは事実であるが、このことだけをいうなら、競技武道でもスポーツでも同じ結果を得ることはできるだろう。しかし、そこに至る過程において成されることには雲泥の差があり、同じ結果に見えても実際の中身には玉石の違いがある。残念ながら、このことに気づいているのは外国の武道修行者であり、日本の武道家の多くはぬるま湯にひたったままである。

柔術修行の実際

　武術は日本の誇る伝統文化遺産の一つであり、修行の実際も他の稽古事（茶・華・日本舞踊など）と共通している。「修行過程」は一つの「教育課程」として存在しており、それを修めることが、武士のステータス確立の有力な手段となった。

　茶や華が「静」の稽古であるならば、武術は「動」の稽古であり、学問は「知」の稽古である。武士はこれらの稽古事を競ってやった。全国諸藩立の藩校には武芸稽古場が設けられ、流儀ごとあるいは武種ごとに専有の稽古場があった。また、藩の存在しない天領や地方には土着した郷士や浪人侍が農民にも武術を指南した。

　柔術にはその修行にいくつかの段階がある。だいたいにおいて「切紙（初伝）」「目録（中伝）」「皆伝（奥伝）」「允可（秘伝）」というように、それぞれの段階がひとくさりの形の集合体から成っている。

　日本柔術を含めた古流儀の場合、現代武道とは修行体系が相違している。たとえば、柔道の場合、まず最初に受身を教

える。剣道では最初に素振りを教える。他の武道も同じで、技（形）の中に含まれるある一動作を抽出して、号令を掛けながら単純に繰り返す。これはまったく現代式の教授法である。しかし、あえていえば、これは武術の本質からすれば効果的な稽古法とはいえない。

　日本柔術ではまず、厳格な礼法から学ぶ。現代武道のように単純なものではなく、意味深長な多くの所作を伴う。礼法が終わればすぐに形の稽古に入る。

　受身や体捌き、あるいは当身にしても、これを単独で稽古することはない。これらの技術は相手と組んで、実際の形の中で稽古する。だから10回受身の稽古をしたい場合には10回投げられる。実際に投げた感覚と投げられた感覚を徹底的に体で覚える。両者が慣れてくれば、形そのものが次第に角がとれてきれいになってくる。無駄がなくなって理に適った形となる。形のすべてはこの方法で身に付ける。一人稽古ができないから、道場へ行かなければ技が進まない。これが日本柔術の稽古方式である。封建主義といえばまさにそのとおりであり、これが日本の伝統文化のあり方であって、流儀の履修に際しては一切の個人的観点や考え方を受け入れない。

　また、いくつかの例外を除いて筋力トレーニングもしない。器械でつくった筋肉は固すぎて使いものにならないからである。ただひたすら形の稽古を繰り返して「柔術」の筋肉をつくり、「柔術」の呼吸を体得する。日本柔術における形は、技術のあらゆる要素を含有した先人の英知の結晶であるから、稽古においては形が絶対的な意味をもつ。だから、現代の

我々から見て、形がいくら不合理だと思っても、絶対的権威のある形を勝手に変えることは許されない。不合理だと思っている間は、まだ、真の技術が身についていないのである。

以上のように、形の教習が柔術のすべてであるといっても過言ではないのである。形の教習において師範が門人に最も注意を要することは、正しい体の運用法がなされているかどうかという点である。特に現代武道を兼習している場合には、その武道の癖が身についてしまっているため、その是正に日数を要する。なかには、現代武道の動きそのままで古流

武術の形をやっているところもあるが、これは指導者たる師範の責任であり、それではまったく修行にならないことを知るべきである。

このことについて、仙台藩の真極流柔術では「初学先習之事」として次のように説いている。

すなわち、「柔といふは何様なる事を先に習ひて可ならんや」という問いに対して「人を捕り拉ぐ事と覚へ、力を以てせんとすれば、みなりきみといふものになり行、まことの力にあらず。手を以てせず、足を以てせず、惣躰を和くして、心をゆうになし、かたちを邪曲にせず、

日本柔術の礼法（柴真揚流）。
鉢巻の締め方でも決められた所作がある

武術で使える腕の筋肉を練り上げる
古武術では極めて珍しい鍛錬具

正しく素直に嗜み、手数を次第に鍛錬しては、自ずから其功みゆるものなり」と答えており、初心者に対して手数（形）の鍛錬の重要さを諭している。

稽古の本義

　日本柔術は武士教育の一課であったところにその特質がある。当時の教育はとにかく先人の英知を履修することに人間形成の意義を見い出していた。だからあらゆる学習において創造は許されず、武術もその例外ではなかった。すべては既成の形を演練して再生させることが目的であり、これを「稽古」と呼んだ。

　稽古の原意は「昔のことを考える」であり、武術の稽古では、これが「流祖創出の形を再現する」こと、すなわち流儀の履修が稽古のすべてであった。流儀の履修とは「形の身体への記憶作業」であり、同じ形を何百回、何千回と繰り返して身体に染み込ませる。その過程において個人の創意工夫が入る余地はまったくない。したがって、日本柔術の修行は稽古の繰り返しであって、決してそれを「練習」とは呼ばない。

平戦両用の心構え

　江戸時代の泰平な世においては、他流仕合は禁止され、武術は敵に勝つことよりも自己の教育、あるいは武士としての心得という面に価値が置かれた。しかし、それで武術修行の質的内容が後退したかというと決してそんなことはなかった。武士は藩のお抱えであり、第一級の兵力である。だから武術の稽古においては常に平戦両用の心構えがあったし、泰平の時代に武士がいちばん熱を入れたのは武術である。

日本柔術の教習

　日本柔術の教習は、入門に際して血判を取ったうえで行われる。これは、武士の柔術修行のみならず、幕末から明治に地方に普及した流儀でも同じである。修者は柔術の教えを受けるために多くの誓約事項を遵守しなければならないのである。それは一例を挙げると次のような内容である（『真之乱流組打起請文』より抜粋。カッコ内は著者）。

　一　当流疎に仕間敷事
　　　（流儀を粗末に扱ってはならない）
　一　当流之手意他見他言仕間敷事
　　　（流儀の内容を人に話してはならない）
　一　縦雖為同学之輩同座にて不承儀他言仕間敷事
　　　（門人同士であっても、同席で不平不満を言ってはならない）
　一　師匠逆心存間敷事
　　　（師匠に逆らってはならない）

一　他流誹謗仕間敷事
　　（他流を誹謗してはならない）
一　兵法相背行跡深可慎事
　　（兵法に背くような行いをしては
　　ならない）
一　当流他流取入間敷事
　　（当流に他流の内容を取り入れて
　　はならない）
一　無免内に仕合仕間敷事
　　（免許のない者は仕合をしてはな
　　らない）

　そして、もし万が一にでもこの誓約事項に違反したならば、武術界からは永遠追放となり、日本国中六十余州の大小神祇の神罰を蒙るというのである。

　柔術は形の習得が主であるから、最初に師匠が形を示し、次いで門人同士がこれを模倣する。それを師匠がまた手直しする。だいたい一日に二、三手学ぶことになっている。武士の場合、年間を通じて稽古が行われたが、地方の郷士や農民は農閑期に集中して稽古した。寒稽古や土用稽古は江戸時代から行われていたものである。流儀にもよるが、才能があれば数年の修行で免許皆伝を受けることができる。

明治時代の天神真楊流の稽古場の様子。上段の間で師匠が検視している

技法の基礎知識

手解

　柔術で最初に学ぶ一鎖の形を「手解」という。手解は敵に手首を掴まれたとき、これを振り解く技術で、柔術の初歩の教習である。それで芸事の初歩の教えを受けることを「手解を受ける」という。

　手解は、単に技術として教えを受けることもあるが、多くの場合は形の伝授の中にこの教習は含まれている。天神真楊流柔術の最初手にある「鬼拳振解」という形は、この手解の教えである。

　手首を掴むというのは、現代における喧嘩や格闘技の攻撃方法からは姿を消している。その理由は簡単で、手首を掴んだだけでは攻撃として敵にダメージを与えることができないからである。ところが、実際には手首を掴むことほど有効な攻撃方法はない。

　手首を掴むことの一次目的は、敵が刀を差している場合には抜刀をさせないことにあり、丸腰の敵に対しては手の自由を封じることにある。

　二次目的は、敵を制することにあり、そのために施す投技や関節技は、手首を掴んで行うのが最も効果的なのである。

　最終的な三次目的は捕縛である。手首の自由を束縛されれば、身動きすることが極めて困難になる。

　合気道を見ればわかるが、敵が手首を掴みにくるのを、バッタバッタと投げ飛ばす。掴まれた側は敵が技を施す前に、敵を制さなければならない。ところが「掴まれたらどうする」という稽古ばかりしているから、掴みにいく敵側の積極的意義を理解していない人が多い。

　胸倉を掴むのも同じである。これは喧嘩では有効な手段である。その一次目的は敵の重心を浮かせて、恐怖感を与えることであり、二次目的はもう一方の手で顔を殴ることである。ところが、最初から両者に戦う準備の整っている格闘試合では、この攻撃方法はまったく無駄である。日本柔術の場合の胸倉を掴む目的は、次の段階で敵を崩して投げるところにある。

手解の技法

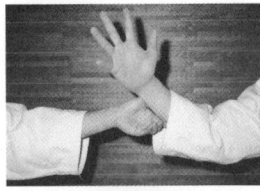

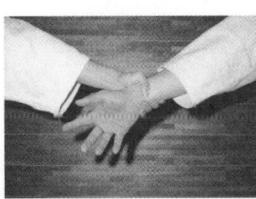
上抜き

外抜き

下抜き

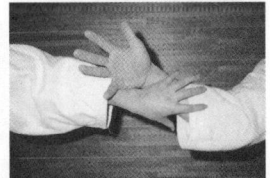
内抜き

第一章 基礎知識

柔術における敵の攻撃

　柔術は「神武不殺」を最も重要な理念としているため、敵を傷つけることを極端に嫌っている。だから、現代の格闘試合に見られるような、蹴り倒しや殴り倒し、すなわちノックアウトを目的とした技はない。いかに敵を「傷つけずに取り押さえられるか」が柔術の極意である。急所に当身を入れて敵を気絶させる技法が各流儀にあるが、これはいずれも場をわきまえて用いるための免許皆伝者に伝えられた流儀の最高秘伝である。

　柔術は敵の第一攻撃をもって、確実にそれを制する技術を必要とする。そのため、例外を除いて敵の攻撃は一回である。すなわち、敵の最初の攻撃を処理するのが柔術の形であり、二の次を想定しない。第一攻撃を征伐できないのは柔術家にとって大きな屈辱である。だから柔術の形は非常に短い。たとえ実力が伯仲していても、長い時間の仕合は双方にとって、これ以上の恥辱はない。柔術の形はどのような敵に対しても有効な決め技でなければならないのである。

　柔術における敵側の代表的攻撃技は次のように分類される。カッコ内は狙う部位である。

①隔離攻撃　┬「打ち」手刀または拳
　　　　　　│　　　　　（天倒・眉間）
　　　　　　├「突き」拳または指先
　　　　　　│　　　　　（烏兎・水月）
　　　　　　└「蹴り」足甲（釣鐘）

②接触攻撃　┬「掴み」（頭髪・襟・帯・
　　　　　　│　　　　　袖・手首）
　　　　　　└「抱え」（前後左右）

　柔術における敵の攻撃パターンは基本的にはこれだけしかない。

　隔離攻撃は原則として、正中線の急所以外は狙わない。「打ち」は天倒（脳天）または眉間を狙うが、天倒を打つのは物理的に無理であるから、実際には眉間を打つのが正しい。合気系武道にある横面打ちというのは日本柔術にはない。「突き」は水月（みぞおち）がほとんどであるが、指先で烏兎（両眼）を突く攻撃もある。「蹴り」による攻撃は釣鐘（金的）だけである。だから日本柔術に回し蹴り

敵の第一攻撃に入身による当身で
対抗する柴真揚流の形

は存在しない。

　接触攻撃は「掴み」と「抱え」に大別されるが、その方法は分類のとおりである。

　これらの敵の攻撃に対して、いかに対処するかが日本柔術の形である。

受身

　現在の柔道の受身は、日本柔術の数ある受身のなかの一つの方法にすぎない。それは畳のある床を想定して行われる乱取用の「羽打ち」の受身である。羽打ちの受身は投げられた際に体に受ける衝撃を和らげるために手で畳を打つ受身である。しかし、この受身は板の間や屋外では行うことができない。かたい床は衝撃を吸収しないからである。

　日本柔術の受身は、もう少し概念が広範である。日本柔術における本来の受身とは、敵の技に掛かってしまった場合に、その技から逃れる手段をいう。柔道では投げが決まれば「勝負あり」なので、投げられた者は潔く受身を取る。柔道はスポーツなので受身を取ることは、安全の確保のためにも必要である。しかし、柔術では投げられても負けではないから、受身を行うことによって反撃の機会を得る。すなわち柔道の受身は「死に体」であり、柔術の受身は「活き体」である。

　日本柔術の受身は羽打ち以外に「足底受身」「回転受身」「転回受身」「空転受身」などがある。

　「足底受身」は敵に投げられたとき、両足（または片足）の足裏と肩で体を支え、頭部と腰は浮かしてブリッジの状態となる。「回転受身」は羽打ち受身と同じように入るが、羽打ちをしないでそのまま回転して立つ。「転回受身」は投げられたら手で支え、勢いを利用して立って受ける。「空転受身」は投げられたら自ら床を蹴って宙で蜻蛉返りして立つ。

　これらの受身は、日本柔術の真伝が少なくなった現在、お目にかかることは滅多にないが、本来はかなり普遍的に行われていた受身である。現在、「転回受身」や「空転受身」を古伝のまま行う流儀は、著者の伝承する仙台藩伝浅山一伝流柔術以外は寡聞にして知らない。かつては大東流柔術でも「空転受身」を行っていたという。柔術では受身を取りながら敵に当身を入れたり、敵に投げられながら投げ返す技法がある。

構え

　構えとは敵対した際に備える身体の静止状態の姿態をいう。構えは柔術のみならず、日本のあらゆる武術における基本かつ重要な要素の一つである。だから構えを見ただけで、その人のレベルがすぐにわかる。現在は修行歴を偽っている自称古武道師範が多く、それらの者は決まって構えがなっていない。

　構えは敵の攻撃に対して、最も合理的に反応できる備えである。また、形を打つ際にも構えは動作の中核をなす。中でも「半身」や「一重身」は基本中の基本で、これが武術の動きを表象する。剣術や棒術、あるいは薙刀術や槍術などは道具を使うため、体の備えと同時に道具の位置や角度が構えの大切な要素になるが、柔術は丸腰なので、体の備えそのものが構えになる。

形の想定

　柔術の形にはいくつかの場の想定、すなわち我敵の位置関係があり、次の四通りに分けることができる。

①居取　（座している我の前後左右のいずれかに敵が座す）
②半座半立　（一方が立ち、一方が座す。敵が立つ場合と我が立つ場合がある）
③立合　（前後左右の四方と行違および行連）
④仰臥　（馬乗りで喉を絞める）

　このうち、居取と半座半立は我が国独特の想定であり、特に双方座して行う居取は日本文化の武術における精華でもある。

　「居取」は「座合」とも称し、柔術と居合ではきわめて重要な室内用の想定である。いずれも室内で座していて、足の自由が利かない場合の体の運用法を教えるものである。

　「立合」の想定も双方がソロソロと歩み寄り、瞬時にパッと技を決める。日本

一重身に構える
浅山一伝流柔術の意之構え

柔術特有の趣である。

「仰臥」は寝ているときに敵より喉を絞められた場合の想定であり、これは護身術としては外国でも考えられる設定である。日本柔術ではあまり見られず、広島の渋川一流に一鎖の形が存在する程度で、他流では一、二手存在するだけである。

技の分類

先行研究にとらわれず、著者独自の日本柔術における技の分類を提示する。

一つの柔術形は、これらの技の要素の組み合わせから成り立っている。これらは日本柔術の技法そのものを詳述するときにもう一度取り上げることにする（第4章参照）。

①捕り──「逆捕り」（固め捕りと連行捕りがある）

②投げ──「順投げ」（関節の逆を取らずに投げる）
　　　　├「逆投げ」（関節の逆を取って投げる）
　　　　└「捨身投」（自ら倒れ込んで投げる）

③絞め──「腕絞め」（主として喉絞め）
　　　　├「足絞め」（胴絞めの例があるが多用しない）
　　　　└「着衣絞め」（襟絞）

④固め──「腕固め」（逆固め）
　　　　├「足固め」（多用しない）
　　　　└「体固め」（乱捕に多用する）

⑤殺活──「殺法」（仮当・本当・遠当）
　　　　└「活法」（蘇生術・整復術）

居取り（並座の想定）

逆捕り

柔術で用いる小道具

ここでは小道具の簡単な紹介だけをしておく。

以下は主なものあるが、十手や鉄扇、あるいは鉄鎖や捕縄は一つの流儀として独立している場合もある。

①十手（じって）
十手は捕方の代表的得物であるが、柔術流儀でもよく使用する。鉤（かぎ）のあるものと、ないものとがある。稽古では木製十手を使用することが多い。

②鉄扇（てっせん）
鉄製の扇で、実際に開くものと、開かないものとがある。稽古では木製扇を用いる流儀もある。

③鼻捻（はなねじ）
木製の短棒。元は馬具で棒の先に紐（ひも）を輪にしてつけ、馬の鼻に掛けて棒をねじり制する。

④鉄鎖（てっさ）
主として２、３尺の鎖の両端に分銅（ふんどう）を付けたもの。稽古用として藁製（竹）の鎖を用いる流儀がある。

⑤万力（まんりき）
鉄製の指輪に鋭利な突起を付けたもの。突起を掌内側にして指に嵌（は）めて使う。

⑥手の内（てのうち）
掌内に隠し持って使用するもので種類は豊富である。

⑦捕縄（とりなわ）
捕縛（ほばく）用の縄。

⑧遠当（とおあて）
目潰しなどに用いる毒薬投擲法。

流儀について

日本柔術には必ず流儀がある。流儀とは武術の技法を伝授するための教授体系である。流儀はその開祖が創出したもので、初伝切紙（しょでんきりがみ）から始まり、皆伝允可（かいでんいんか）に至る段階的修行により、その形を順次習得していく。そして、各段階ごとに習得が修了した時点で、その証書となる伝授巻が与えられる。この伝統は今でも正統な日本柔術では踏襲されている。

流儀が違えば、技法も思想も千差万別である。流儀が確立されていれば、肉体が滅びても次代の継承者により流儀は残る。流儀は目に見えない無形文化財であり、人から人へと受け継がれていく。だから、優秀な弟子に恵まれない流儀は世から姿を消していく。こうして幾多の流儀が明治以降消滅していった。時の流れを考えれば、現在にまで伝えられている流儀はまさに奇跡であるといえよう。

江戸時代の日本柔術の母体流儀となったのは、およそ戦国時代末期から江戸時代初期に現れた数流儀である。それは竹内流（たけうちりゅう）、関口流（せきぐちりゅう）、浅山一伝流（あさやまいちでんりゅう）、楊心流（ようしんりゅう）、戸田流（とだりゅう）などの各流儀であり、その末流は分派を含めていずれも現存している（詳細は第２章参照）。

技法の基礎知識

鉄鎖の実物

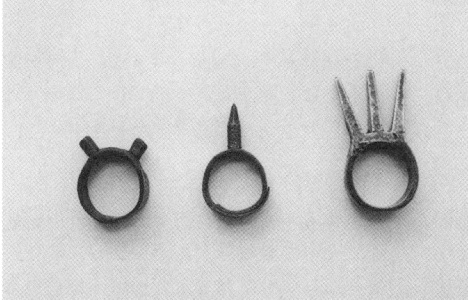

各種万力

捕縄に用いる鉤

第一章 基礎知識

日本柔術と中国拳法

日本柔術と中国拳法。同じ東洋にありながら両者の関係は非常に希薄であり、未だにその関係についての実態は解明されていない。近年、豊富な資料によりかなりの研究が発表されてはいるものの、解明の糸口すら見えていないというのが現状である。

ここでは資料的考察は最小限に止め、技法や文化的側面を中心に両者を概観し、比較していく。

世界各地に徒手格闘技は多く存在している。しかし、それらの技法が一種の術としての形を有し、その形を人から人へ伝えるという人間形成的側面を有しているのは日本と中国以外にはない。このことは日本では特に厳格であり、徹底した個人主義を貫いている。さらに、両者が高度な思想哲理を有している点においては他国の格闘技の遠く及ぶところではない。正に東洋の神秘そのものであり、日中両国が世界に誇り得る文化遺産であり、国宝である。

日本柔術と中国拳法。その相違点を明らかにするには様々な視点からの考察が必要である。特に風土・生活環境・時代的背景の三点は武術の成立や発展を考えるうえで、必要不可欠な要素である。

術の名称

徒手武術を日本では柔術、中国では拳法と呼ぶ。柔術は近代以降「じゅうじゅつ」と訓むようになったが、近世における本来の訓み方は「やわら」であり、他に体術・和・拳法などとも書いたが、これらも皆「やわら」と訓んだ。一方、中国の拳法は「拳術」ともいう。

また、中国では日本の柔術における逆手技と絞技を「擒拿」と呼び、拳法から独立させている。もちろん拳法の中にも逆手技はある。また、擒拿を特に「柔術」と表記した例もある。日本でも同様に、術全体を柔術といい、特に当身技だけを「拳法」と呼んだ流儀も多くある。

日本では開祖が創作し、制定した一つの教伝体系を「流儀」といい、「何々流柔術」と表記する。中国ではこれを「門派」といって「何々拳」と称する。

修行者

日本柔術は近世における上層身分の武士によって錬磨された。しかし、時代が下がるにつれて地方土着の郷士や農民もこれを修めるようになった。一方、中国拳法は同族あるいは村民の男子すべてがその担い手となる。

伝授形態

日本柔術は徹底した個人主義である。技法は形として師匠から弟子へ段階的且つ厳粛に伝えられ、各段の修了に際しては伝書の授与がなされる。中国拳法では一集団（氏姓同族・村落共同体など）において先輩層から後輩層へ技法の指導がなされる。これは日本の祭りにおける踊

りや他の民族芸能の指導法と同じである。日本柔術のように、形の伝授を証明する文字による伝承（伝書の授受）はほとんどの場合なされない。

ところが、近代になると中国拳法でも門派によっては個人の修養が重視されるようになり、集団とは無関係な伝授による人脈系譜が現れるようになる。逆に日本では近代以降、武術が一般庶民に開放され、村落単位で伝承していく傾向が見られるようになる。そして、その中で技量人格の優れた者だけが流儀を正式に継承し、次代への教授資格が与えられた。

著者が学んだ流儀においても渋川一流(しぶかわいちりゅう)柔術は広島県の坂(さか)に生まれ、坂の男子に育まれた流儀である。一部近畿地方へ流伝したが、伝承しなかった。また、宮城県の浅山一伝流(あさやまいちでん)柔術は桃生郡の永井集落の流儀で、二、三の相伝者によって流伝はしたものの、同じ村内でも永井以外の集落では別の柔術を伝えていて、集落集団性を帯びたものになっている。

修行の場所

日本柔術は他の武術と同様に、近世になると屋内稽古が定着した。屋内といっても千差万別で、武士はほとんどの場合、藩立の藩校内にあった武芸の稽古場が稽古の場所となった。また、地方の郷士や有力農民の場合には、専用稽古場を持つこともあったが、多くの場合、蔵や納屋の土間が稽古場となった。いずれの場合も下足は脱いで稽古をするのが通例である。これらは日本武術が人間教育の手段としての一面を持っていたために、四季雨雪を問わずに稽古をするための方法であった。

一方、中国拳法の場合はほとんどが屋外であり、公園や集落の中央広場などが修行場所となった。だから雨天は稽古中止である。もちろん稽古は下足を履いて行う。しかし、近年は中国武術も都市部では屋内で稽古を行うことが多くなった。中国では武術稽古のための建物を「国術舘」、あるいは「武舘」「武術舘」などと呼んでいる。

日本では現在、「道場」という名称が

日本柔術と中国拳法

中国拳法の稽古は
野外で行われることが多い

第一章 基礎知識

一般化しているが、道場とは本来仏教の修行場所であり、武術の場合は「稽古場」「指南所」、あるいは藩校内の場合には中国と同様に「武館」または「演武場」などと呼ばれた。

昔日の日本柔術は土間や板間で稽古する場合がほとんどであった。だから現在の柔道のような「羽打ち」の受身ができなかった。受身は腰を打たないように体を反った状態にして、「足裏」で受けた。回転受身の場合は、衝撃が最小になるように体を小さく丸めてその場で回って受ける。

仙台藩伝浅山一伝流では、合気道でいう小手返系の技法や柔道の背負投・巴投系の技法を行う場合、自ら地を蹴って空転し、立って受ける。もちろん、寝技はない。寝技の武術的意味における存在価値は希薄である。

また、農村の稽古場では、土間に筵を敷いて稽古した。この筵は「ねこ」といい、稲刈りが終わると一門が集まって藁で編んだ。

乱取に現在の柔道に見られる寝技が現れたのは後世であり、稽古場に畳が敷かれるのが普及してからのことである。たぶん幕末のことだろう。

形の名称

日本柔術の文化的側面のほとんどが中国文化の影響下に発達している。もちろん、それらのほとんどが日本風にアレンジされた。その一つに形の名称がある（拙著『図説日本武芸文化概論』でこのことについては論述済みであるから、ここでは特に動植物からの引用に焦点を絞って別の視点で概観する）。

形には名称が付き物である。人間がその生身をもって演じる動作の形態には、動植物の特異な形態を象って風流な名称がつけられている。この嚆矢と考えられるものの一つに中国の医書・方術書を基に書かれた『医心方（房内篇）』（982年）がある。我が国性技四十八手の原典がこの『医心方』であることは広く知られているところであるが、同じ「体術」である日本柔術の形名称のアイデアもその淵源は同書にある。性技では男女が接合した際の形態を森羅万象にたとえて巧みに表現しており、柔術でもお互いが男である点を除けば表現は似たり寄ったりである。

さて、日本柔術と中国拳法の名称の大きな相違点は、前者が性技と同じように二人一組で演じるのに対し、中国拳法はその形（拳套）を一人で演じるところにある。柔術は一つの形が短いので、その動作の最も特徴ある部分の形態に名称をつけているが、拳法は套路が長く、動作の一つひとつに名称がつけられている。これは動作の部分的消滅をまぬがれる一つの有効手段でもある。

性技四十八手の技巧はほとんどそのまま『医心方』を踏襲しているが、名称は

我が国独特のものに改められている。柔術もこれと同様に、風流な和風の名称がつけられた。しかし、日本の江戸時代初期と同時代の中国で、拳法がどの程度体系化されていたかについては文献を欠き、詳細は不明であり、拳套の各動作に名称があったかどうかについては、さらに確証を得ない。だいたい、中国武術はその内容を文献に残す習慣がないのであるから、文証が得られないのは当然である。なお、ここでは日本柔術と相撲四十八手の名称比較は行わない。これは相当の頁数を要するので別の機会に譲る。

名称そのものにおいては柔術と拳法両者の関係は皆無と見てよい。たとえば、「白猿献桃」という八卦掌の套路名は中国独特であり、日本伝柔術に同様の名称はない。逆に柔術の「鳴之羽返」のような名称は拳法にはない。

しかし、類似のものもあるにはある。日本武術で「鶴之一足」というのを、中国拳法では「金鶏独立」と表現している。もちろん両者の理合は異なる。おもしろいところでは、渋川一流柔術の「鶴之巣籠」という形は囲碁の手に同じ名称があり、また、蔡李佛家平拳の「海底撈月」という拳式は麻雀にも同様の手（ハイテイ）がある。

日本柔術の形名称は、性技および相撲の四十八手に同様のものが多くある。性技四十八手にしても流儀のようなものがあり、その内容には秘伝があったりして、「伝授」が行われていたことが記録にある。その伝授方法がいかに行われていたかについては想像にお任せする。江戸庶民の暮らしは知性に溢れ、奥が深いのである。

技法の構成

日本柔術の技法は「捕り」「投げ」「絞め」「固め」「殺活」に総括できる。構成のパターンとしては、「殺」（当身）は「捕り」や「投げ」に入るため（崩し・作り）に用いられ、「絞め」「固め」は「捕り」「投げ」の後に用いられる。また、「活」は当てや絞めで落ちた場合に行う。

もちろんこのパターンは場合によって異なる。たとえば、「殺」は捕りや投げの後に行う場合がある。いずれも目的は敵の無傷〝生け捕り〟にある。

一方、中国拳法は打つ・突く・蹴るが技法の中心である。これらの技法で敵を倒す場合、殺活の調整が極めて困難である。敵を負傷させて戦闘力を喪失させるのが目的であるから、投げや捕りは副次的な技法となる。それで中国拳法は創傷や打撲に対する治療法が少なからず伝えられているが、柔術における活法のような伝はない。

まず第一に、捕技を比較してみると、柔術の場合には逆手を掛けて押さえ込むか、連行するかの方法がとられる。この際、敵が反抗して関節が外れた場合には脱臼整復法が用いられる。日本柔術の師範は外科医でもある。拳法の場合には捕技は意味をなさないので、関節技であっても打ち砕く技法が主となる。捕技は前述の擒拿術の部門が専門である。

第二に投げ技。これも柔術では流儀を構成する重要な技法であるが、中国拳法では特殊な場合を除いて見られない。投技も中国拳法では意味のある技法とはいえない。中国では投技を専門とした日本の相撲に似た武術を摔角という。八卦掌

には投技が多いが、柔術とは理合(りあい)が異なる。

　第三に絞め技。中国拳法には柔術のような着衣による絞技はない。擒拿術では腕脚を使った絞技が多い。日本柔術では絞技は重要な技法である。特に襟を掴(つか)んでの絞技は楊心(ようしん)流系で発達し、後世乱取(らんどり)技法として広く普及した。襟絞は中国拳法はもとより世界のどのような格闘技にも存在しない日本柔術独特の技法である。しかし、日本柔術でも仙台藩伝浅山(あさやま)一伝(いちでん)流などのように絞技のない流儀もある。日本では絞技の発達が同時に活法の発達を促したから、楊心流では特にこれらの伝を重視した。

　第四に固め技。これも中国拳法にはない。固め技も拳法では意味のない技法である。日本柔術では関口(せきぐち)流で固め技が発達し、後世には乱取で広く普及した。

　第五に殺活。日本柔術の極意は殺活自在にある。当身(あてみ)そのものの意義が中国拳法と違うことはすでに述べた。

仕合(しあい)

　「試合」と書くと現在ではスポーツ(競技)になってしまうので、古来より使用された「仕合」の文字を引用する。仕合は「死合」で死に直結する戦いであるなどとこじつけた説もあるが、日本武術は「武士道」とは相容れぬ部分があって、自他共に死を極端に嫌った。死に直結するのは「果たし合い」あるいは「決闘」であって、仕合は徹底した平和主義である。

　仕合は元々、流儀の枠を超えてお互いの技量を磨くための手段として存在した。江戸時代になって、武術の修行が人間形成を唱えるようになると、流儀そのものを修めることに主眼が置かれ、他流仕合は廃れた。

　しかし、江戸時代後期には再び他流仕合が隆盛し、武芸者は藩主と師範の許可を得て、全国を行脚しながら修行をしてまわった。

　仕合の方法は、剣術の場合、袋竹刀であれば素面・素小手であるが、普通の竹刀であれば防具を着用した。柔術でも当身技だけは禁止された。いずれもお互いを傷つけないための配慮である。ところが、中国拳法は打・突・蹴で敵を倒すのであるから、仕合をすれば必ずどちらかが負傷する。それで中国でも異門派間での個人的な仕合は、長い間なかった。しかし、現在では世界の情勢に流れて防具を付けた「試合」をさせている。誠にお粗末このうえない。

第二章

歴史と流派の沿革

日本柔術の起こり

　本章では通史として柔術の起こりと主な潮流について述べ、流儀が歴史的に置かれている系譜上の位置関係を明らかにする。個々の流儀の詳細な伝承状況や歴史的な変遷過程は、本書の性質上言及はしていない。

相撲と組討

　日本柔術の萌芽期を戦国時代（室町後期）とすると、それ以前から行われていた日本の徒手闘技は相撲と組討である。このうち神事と結び付き、格式や所作を重んじ、技を一定の形式に則って裸体で演練したのが相撲であり、戦場において甲冑に身を固めて雌雄を決した実戦の法が組討である。ところが、柔術はこのいずれともまったく内容を異にしている。裸体も甲冑も特殊な場合の状況下にあるのに対して、柔術は平服による日常の護身的徒手闘技である。

　柔術が相撲の影響を受けた形跡はほとんどない。土俵を築く始まりは天正年間（1573〜92）とされ、一般化したのは慶長年間（1596〜1615）のことであり、これが後に相撲の技術の発達を促した。相撲で小男が大男を取って投げるようになるのは、元禄期（1688〜1704）以降のことであり、それは逆に柔術の影響による。ただ、相撲の四十八手は古く『源平盛衰記』に現れ（個々の名称は不明）、これが柔術の成立に関与している可能性はある。また、一方の甲冑組討は技術面において柔術に大きな影響を与えている。

　柔術は平服武術が主であるが、流儀によっては甲冑伝を組み入れているものがあり、起倒流のように平服で演じていても、技が甲冑装着を想定しているものもある。しかし、甲冑組討の場合、技術を形として個人から個人へ伝授するというような形式的伝承形態はなく、『軍用武者言葉』に見られる「首切三種」のような戦場における核心部分の心得的な所作を重視したにすぎない。

　このように、柔術が組討の影響を受けたことは事実であろうが、本質はまったく異なる武術であり、そのことはすでに述べてきたとおりである。そして、近世になって柔術は大陸からの思想的影響を受けながら、その教義を確立していくが、技術的な面においては大陸からの影響は皆無であったとしたい。本論では、柔術の技法を日本国の土壌によって純粋培養されたものとして認識する。

竹内流捕手腰廻

　柔術の起こりを論ずるにあたってまず挙げておかなければならないのが竹内流であり、現存する流儀で、その来歴を最も古い時代まで文献による実証を遡れるのが竹内流である。

　伝書によれば、流祖竹内中務大夫久盛は天文元年（1532）6月24日、忽然と現れた山伏から捕手五ヶ条・腰廻二十五ヶ条を伝授されている。この時代にはまだ「柔術」の語はない。享禄4年（1531）3月、久盛直筆の伊達氏宛入門起請文（日貿出版社刊『竹内流』に掲載）があるが、これは開眼の前年である。起請文は弟子が師匠に差し出すものであるから、この伊達氏が事実上の久盛の師匠と思われる。起請文にはすでに愛宕山大権現の罰文が見られ、伊達氏の経歴の解明が待たれるところである。起請文中には「御免無中親子兄弟而も一手洩申間敷候」とあ

日本柔術の起こり

り、武術形の授受が秘伝として行われたことが読み取れる。

神伝による流儀創立の装飾は、流儀を神格化し、技法に一種の威厳を持たせるための方策であり、竹内流のこの伝説が武術における神伝開眼説の嚆矢と思われる。

ここでは久盛が伝えた捕手五ヶ条・腰廻二十五ヶ条を伊達氏より伝授されたものとして仮説する。

捕手の五ヶ条とは「立合之事」「居合之事」「込添之事」「風呂詰之事」「極意向上之事」の五手であり、腰之廻と共に古い捕手の流儀はだいたいこの五ヶ条を伝承している。竹内流二代目竹内久勝の門より分派したと思われる甲州伝夢想流捕手では、この五ヶ条が「居相十方捕」「立相十方取」「込副三方」「大骨擢」「抜之段」となっている。これらの捕手は自分から仕掛けて敵を取り押さえる技法で、膝で背の急所を当てるなどの危険な技を含有する極意秘伝である。

腰廻の技術は小具足と呼ばれ、その多くが小太刀（脇差）を使用した攻防となっている。これらの技法が相撲の延長線上にないのは明白であり、また、甲冑組討の技術からも大きく昇華脱皮していることも事実である。流儀武術でいう小具足というのは甲冑の付属品の総称ではなく、小太刀を使用した平服武術のことをいう。よって拙論においては捕手（柔術）の成立を相撲や組討の延長上にあるとは考えず、流儀武術として独自に萌芽したものとして認識する。

捕手流儀

竹内流以外に起源の古い捕手流儀を以下にいくつか紹介する。

「天下無雙流」は伝授巻によれば、天正11年（1583）11月、出羽国日山庄において摩利支尊天が老翁となって現出し、数十ヶ条の捕手と無比無類の兵法を桜場采女正に伝えたとある。この流儀では各種の小秘器を使用する。

「一日城無双一覚流」は伝授巻によれば、流祖佐藤一覚が天正19年（1591）7月7日、鞍馬僧正嶽において9寸5分の白刃および2尺5寸の打物外捕手の秘法を夢中に蒙ったものが起源であるという。

「天下無双眼心流」の流祖は、宮本武

竹内流道場前に立てられた
流儀の由緒を記した標示板

蔵の門人藤本左近重利であり、宮本系の捕手流儀として注目される。

「荒木流」は天正年間（1573〜92）の人、藤原勝真が流祖である。勝真は愛宕山大権現に百日参籠し、霊夢を蒙り奥義を極めたという。荒木流については後述する（47ページ参照）。

「夢想願流」の祖は信州埴科住人の松林左馬助（無雲斎）。流儀は長刀・槍・剣・捕手・小具足の総合武術である。左馬助は文禄2年（1593）の生まれと伝えられており、慶長18年（1613）の絵目録が現存する。開流は慶長15年、左馬助18歳のときというが、これでは少し若すぎる。伝書には「此捕手者愛宕山夢中御相伝之秘術也」とあるが、絵目録を見ると、確かに竹内流の腰廻に類する技法のようである。しかし、仙台藩の手裏剣流儀として有名な香取真魂流の伝書では、左馬助を同流の石掛幸左衛門の次代としている。

以上のように、天正から慶長にかけての時代は、多くの捕手流儀の萌芽期となっていることがわかる。

捕手の意義

既述したように、竹内流の成立期においてはまだ「柔術」の語は使われていない。捕手は文字通り"手を捕る"武術である。手を捕るというのは、手の自由な動きを束縛することである。さらに、手の自由な動きを束縛するということは、身体全体の自由な動きを束縛するということである。これは、現在でも逮捕の手段に手錠が使用されていることで理解できよう。

すなわち、捕手の意義は敵の"生け捕り"にある。相撲は相手を投げ飛ばしてしまうし、組討は首をかき切ってしまう。ちなみに、竹内流の腰廻（小具足組討）の技法は未だ小太刀で首や肩を切って止めており、捕手や後世の柔術の概念とは相容れない部分がある。

捕手は我（自分）から積極的に敵を取り押さえることを眼目としており、そのために先制攻撃を重視する。一方、柔術は敵の先制攻撃に対してこれをいかに取り押さえるかに眼目を置いており、捕手とは表裏の関係にある。しかし、近世になると、捕手が柔術と同義に用いられる傾向が顕著になる。

こうした捕手の技法がなぜ、戦国時代の動乱期に生まれたのであろうか。これは柔術史における重要な論点である。こうした疑問を解決するためには、戦国期の郷士層における生活史の面からのアプローチが必要になろう。

閑話休題 飯篠長威斎家直と天真正

　武術史研究全体において厄介な存在が飯篠長威斎である。柔術史を語るうえでも彼を素通りすることはできない。

　飯篠長威斎は下総国香取郡飯篠村に生まれた郷士である。初め同郡丁字村に居を構えて日々自習し、やがて香取神宮の境内にある梅木山不断所に移って、一向に香取明神の神護を祈り、日夜木剣をとって庭前の立木を撃刺して修行を怠らなかった。それから3年、自ら妙致を悟り、一流を開創して天真正伝香取神道流という。伝えるところによれば、長威斎は元中4年（1387）に生まれ、長享2年（1488）に102歳で死去したという。竹内久盛より100年以上も前の人物であるが、その後の伝承においても竹内流との接点を見い出すことはできない。また、残念なことに古文献が残らず、長威斎の武術を実証するものはなにもない。

　飯篠長威斎の神道流は、剣・槍・薙刀のほかに長巻・棒・居合・杖・手裏剣などを含有し、武術以外にも軍法や築城法を伝えた。ところが、この長威斎、人口に膾炙されることは少ないが、実は柔術（組討・兵術）の相伝者であり、その業術こそが天真正の系脈を承けているのである。この柔術は無双直伝流といい、流祖を大和国大林山泥河の住僧意慶坊長遍に仮託している。意慶坊は天真正より伝を承け、日本組討の大祖となる。その七代目相伝者が飯篠長威斎である。伝系は次のとおり。

　天真正──意慶坊長遍──大江金麿勝貞──大江七郎勝長──大江大膳大夫勝晴──楠美三斎入道晴朝──楠美右京大夫晴運──飯篠長威斎家直──関寺日向守忠重──島仲小笠原九郎──藤原叶斎勝真──荒木夢仁斎秀綱

第二章 歴史と流派の沿革

荒木夢仁斎は藤原勝真の門人であるが、竹内流三代目の竹内加賀助久吉にも学んでいる。しかし、荒木流には竹内流の影響を伺うことはできない。

天真正の存在が飯篠長威斎よりも七代前といえば、正当な武術史を語るにはあまりにも時代が上りすぎる嫌いがある。しかし、長威斎自身が天真正の伝を得たという伝書もある。天真正とは何者なのだろうか。

天真正の名は、神道流系武術の伝授巻における相伝者系譜の筆頭によく出ている。俗説では河童であるとか、天狗であるというような説まである。実在の人物でないことは確かであろう。仙台藩で手裏剣の流儀として名を馳せた香取真魂流の伝書に次のような文がある。

　　当流之元祖飯篠山城守家直者自若年而武術ニ志
　　鞍馬鈴鹿之両山江十有余年籠天狗尊神ヨリ伝太刀
　　鋒之秘術有夜密鹿嶋香取両神之霊夢以伝太刀術極
　　位五行剣授（以下略）

同流の別の伝書では、天真正の「天」の字は"二人"と字義を解し、二人とは鹿島・香取の両神のことをいうとある。著者としては鞍馬鈴鹿の天狗尊神の存在が気になるところである。なお、神道流柔術の伝授巻『鹿巻』には、長威斎が鹿島神社で満願の日に出会ったのは「二鹿」であるという。この二鹿が長威斎に陰陽二気の理を伝授したのだという。すると天真正は二鹿だということになる。

神道流柔術『鹿巻』

草創期の代表的な柔術流派

関口流柔術

　関口流は、江戸時代に栄えた柔術諸流の中で、特に著名であり、「柔」の思想および「柔術」の語を用いた嚆矢として知られている。

　流祖は関口柔心（1598〜1670）。従来の力本位の組討を改め、『老子』の「天下の至柔は、天下の至堅を馳騁す」「天下の至柔は、為して能く天下の至剛を制す」の理を咀嚼し、これを自得した柔術の原理とした。柔心は伝書で自らを「余、蚤歳より斯の術に志し、独り限り、師承なし」と述べているが、組討の伝を三浦与次右衛門から得ている。長崎で中国拳法を学んだとする有名なエピソードは信憑性のない話である。

　従来の組討・捕手の語が現実直観的なのに対して、柔術とは抽象的用語である。

　関口流では柔の本体を「楊柳の心」とし、楊柳（やなぎ）が物に応じて逆らわず、随わず、来る物につれて働きながら、その中に自己の本体を維持するところに柔の理念が具現していると説く。

　竹内流との接触を記した文献はなにもない。しかし、両者には共通する形名目がある。「柄砕」、「大殺」、「奏者取」、「風呂詰」、「小尻（鐺）返」などがそれである。特に「風呂詰」は特殊な状況下における技法であり、名目まで同じである。それぞれの流祖がまったく独自に同じ状況下の同じ名目の技法を案出するだろうか。この一件をみても、竹内流が間接的に関口流の成立に関与していることは想像に難くない。

鏡山の紀州流相撲

　鏡山沖右衛門は元禄期（1688〜1704）の力士で、第八代将軍吉宗の父光貞時代の御抱えだったらしい。鏡山は関口流柔術を修行した。彼は関口流にあった四の取口と「小よく大を制す」の手を加え、独特の相撲を創成した。これが現今の相撲の原形になっている。これによって紀州力士は皆、鏡山の流儀になり、紀州相撲といって尊重されるようになった。現今の力士が仕切りのときに手を土俵に下ろすのも紀州流の形式である。

堤宝山流

　流儀が現存していないため、現代の我々にとっては馴染みの薄い流儀である。

　流祖は堤山城守宝山（堤宝山）。下野国芳賀郡の神官で、守護職にあった。念流の祖、念阿弥慈恩の高弟十四哲の一人で、刀槍および鎧組を学び、これを総合武術に仕立てて堤宝山流を唱えた。師の慈恩は相州藤沢の遊行上人の弟子で、晩年、信濃波合に長福寺を建立して念大和尚と称したのが応永15年（1408）というからずいぶんと古い流儀であるが、やはり実証文献を欠いている。慈恩が信濃波合で開悟したのは剣に対して徒手で立ち向かう手搏（柔術）であったというが、当時は手搏の修行を必要とするような社会基盤はまったく希薄である。手搏が前述のように鎧組であったというのなら話は別である。

　いずれにしても、この時代の武術は推測の域を出ない。

戸田流

　これも流裔に気楽流や戸田派武甲流が現存するだけで、柔術の本流は早い時代に失伝しており、馴染みがない。戸田流はまったく不明の多い流儀であり、このことについて、ここでいちいち説くには及ばない。気楽流の伝書には祖を水橋隼人の門人戸田次郎右衛門頼母としている。両人は室町時代の人物であるから、この流儀も柔術の源流の一つとして採用したい。流儀史の緻密な研究が待たれる。

浅山一伝流

　流祖浅山一伝斎は天正年間（1573～92）の人で、世に捕手流儀が現出してくる時代である。

　一伝斎の師は不明であり、伝書では浅山一伝流を一伝斎自得開眼の武術と記している。元来、総合武術であったが、近世になって術が分化し、全国諸藩に伝承された。柔術の名目は他流と一致するものが少なく、独創性に富んでいる。幕末、仙台藩領内に伝播された当流の柔術は、現在著者が相伝している。また、江戸森戸系の浅山一伝流では「鎧武者組」など、戦国期の遺風を伝えた。

楊心流

　中国武術との接点を持つ流儀として有名なのが、この楊心流である。しかし、結論からいうと技法上の接点は皆無である。流祖秋山四郎兵衛は豊後高田（長崎とも）の人で、医学修行のため漢土に赴いたとき、博転という者から柔術三手を学んで帰国したが、手数が少なく学ぶ者が少なかったので、太宰府天満宮に参籠して捕手三百三天満宮を案出したという。

　以上の説にはまったく信憑性がない。秋山については武術史家の間でも、これまで明確に位置付けして述べた例を寡聞にして知らない。それだけ謎の人物である。現時点では秋山の次代で確認できる人物は大江専兵衛のみであり、伝書によってはこの大江を流祖としているものもある。また、別の伝書では、大江は関口流を学んだともあるが、確証を得ない。大江と関口柔心は同時代の人物であり、師弟関係にあった可能性は十分に考えられる。

　同流に伝えられた経絡当身の伝書『胴釈之巻』は、大江が長崎で得たもので、魏の武官伝来の書であるという。この伝書は楊心流から真神道流へ、さらに天神真楊流から講道館柔道へと伝えられ、現代武道における急所の知識へと連なり、現代に脈々と息づいている。沖縄伝来の空手の急所知識も、本土に入ってからは講道館柔道のそれを踏襲している。

日本柔術の隆盛

　家康が天下を統一し、徳川政権が安定期を迎えると、それまで実戦本位としてきた武術は殺人的性格を失い、代わって求道的性格を強めていった。幕府は他流試合を一切禁止し、武術の稽古は一道場・一流儀内でのみ行われる風が定着した。武士の教養としての武術は、流祖が創案制定した形の習得を主眼とし、完全相伝（家元を置かない）を旨としたから、新流儀が続出した。これらのうち、柔術における流儀は元を辿れば大きく七つの潮流を形成している。

竹内流の潮流

　竹内流の流裔は広く全国諸藩に及んだ。竹内流の本流は発祥地の岡山県にそのまま家伝して現在に至っているほか、高松藩にも分家して伝播した。分派としては荒木流、双水執流、伯耆流、力信流、高木流、至心流、竹内三統流、難波一甫流、呑敵流などが有名である。

【荒木流】

　荒木流は竹内流から分派したが、別に藤原勝真伝来の小具足術が流伝していて、竹内流の体系とは大きく変容している。伊勢崎藩を中心に、上州全域に伝播した。鎖鎌や乳切木、長巻などの特種武術を含んだ総合武術としての伝統を墨守した。幕末、信州高遠藩にも伝承したが、維新後失伝した。分派に新発田藩伝の荒木新流や武州伝三神荒木流などがある。

【双水執流】

　双水執流は筑前黒田藩に伝統した。代々舌間家が指南して明治に及ぶ。技は組討技法が主で、「表」から始まり、「奥」「秘中」へと進む。

【伯耆流】

　伯耆流は熊本藩および新発田藩、磐城平藩、臼杵藩、尾張藩、岸和田藩などに伝統したが、そのほとんどは維新後に絶伝した。伯耆流は柔術以外に居合の流儀としても全国に聞こえた。柔術の伝は維新後絶えたが、居合は命脈を保持した。

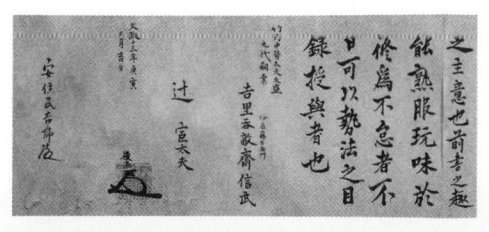

呑敵流の伝授巻

第二章 歴史と流派の沿革

【力信流】

力信流は近世、美作備前一帯に広く伝播し、特に棒術で鳴らした流儀である。近隣には力信流と並んで竹内流の棒術を心得た者も多くいたから、美作への来訪者には「作州で棒を振るな」といわせたほど棒術が盛んだった。柔術は竹内流のそれを墨守したが、棒術や剣術は大きく脱皮変容して、独自の技法を展開していた。幕末、大江安左衛門が傑出して、現在の岡山市畑鮎の地を中心に備前全域に拡流した。

【高木流】

高木流は土佐藩、赤穂藩で伝統した。

【至心流】

至心流は尾張美濃一帯に伝播した。富山の四心多久間流、信州の止心流、庄内藩の至心流、仙台藩の真極流、秋田角館の三剣一当流、津軽藩の本覚克己流は至心流の流裔である。

【竹内三統流】

竹内三統流は熊本藩に伝統した。代々矢野家が相伝して明治に至る。当流には一人を数人掛りで投げ飛ばす「乱投」の法がある。

【難波一甫流】

難波一甫流は安芸国から周防国にかけて伝播し、昭和初期まで伝統したが、現在では形の一部が残存するばかりになった。難波一甫流の分派に安芸国坂の渋川一流がある。

【渋川一流】

渋川一流柔術は幕末、江戸の渋川流を学んだ宮崎儀右衛門が広島伝難波一甫流に浅山一伝流の居合、捕縄を加えて創始した。次代の首藤蔵之進はこれに浅山一伝流の棒術を加え、流儀を大成して明治年間に至る。

東京芝愛宕山にある起倒流拳法碑

陳元贇に関わる三浪士の潮流

　元和～正保年間（17世紀前期）、日本に渡来した明の陳元贇は多くの中国文化を紹介した有名な人物である。柔術においても近世よりその流祖的存在と崇められているが、近年の研究では技術的な伝授が深くなされた形跡はないとされている。陳より江戸麻布の国昌寺で、大陸知識と思想的影響を受けた浪士とは福野七郎右衛門、磯貝次郎右衛門、三浦与次右衛門の三人である。

【良移心当流・起倒流】

　福野七郎右衛門は良移心当流の祖である。良移心当流は幕末久留米藩で栄え、明治期には警視庁初代柔術師範となった中村半助を輩出している。分派として最も有名なのは起倒流である。起倒流の祖は茨木専斎で、次代の吉村兵助が再編した。流裔は江戸と岡山藩で栄えた。

【直信流・犬上流・扱心流】

　起倒流からは直信流が出ている。直信流では柔術を柔道と称しているが、「柔道」の語はこの流儀が嚆矢である。犬上郡兵衛の犬上流も起倒流から分派し、この流儀は扱心流として幕末の久留米藩で隆盛した。

　これらの流儀はいずれも投技が主体で、その投技の原形は鎧組討の形である。特に起倒流は、茨木専斎が沢庵禅師に師事した関係で、その思想的影響が大である。いずれも陳元贇の影響は見られない。

【真極流】

　磯貝次郎右衛門の流系からは、仙台藩の真極流のほか、観心流や心照流が分派したが、真極流以外の流裔は奮わなかった。真極流の内容は、前述した至心流の影響が強く、その技法は純日本的である。

【三浦流】

　三浦与次右衛門の流系は三浦流として伝統したが、途中断絶して、江戸後期に与次右衛門十九世という高橋玄同斎が現れ、日本本伝三浦流と称して指南した。内容に中華色は見られない。

楊心流の潮流

　楊心流は近世に入ってから成立した流儀である。特に当身殺活法および整骨術に優れ、後世の柔術流儀に大きな影響を及ぼした。楊心流は秋山四郎兵衛を祖とする本流と三浦揚心（定右衛門）を祖とする分派の揚心古流の二系統に分かれる。

　楊心流の本流は九州北部地方に広く伝播したが、維新後伝統しなかった。分派としては山本民左衛門の真神道流、楊心流と真神道流を合伝した天神真楊流、上野縦横義喬の心明殺活流、仙台藩伝西法院武安流がある。

【真神道流】

　楊心流の膨大な手数を六十八手（別数の伝あり）に編成して、これを初段、中段、上段に分けて教えた。流裔は幕末、武州と讃岐で栄えた。

【天神真楊流】

天神真楊流の祖磯又右衛門は江戸に道場を開き、武術では異例の家元制を敷いて、参集する全国諸藩士に道儀を伝えた。家元制のために分派する者は破門としたが、それでも神道揚心流や柴真揚流などが分派し、地方で栄えた。

【揚心古流】

揚心古流は幕末、戸塚彦介が乱取りで名を挙げ、明治期に多くの達人を生んだ。揚心流の当身殺活法は天神真楊流から講道館柔道へと受け継がれ、さらに空手にもその理論が採用された。また、整骨術は柔道整復術として現在に受け継がれている。

関口流の潮流

関口流の本流は紀州関口家に家伝として伝統した。ほかに関口流としては阿波国に剣術を主体とした系統が伝承し、甲州には柔術の伝が明治初期まで残った（関口正統柔術）。また、盛岡藩の諸賞流は関口流の影響を受けている。

【渋川流】

関口流の分派で有名なのは、渋川伴五郎の渋川流である。渋川流は江戸で指南され、維新後も渋川本家に伝統した。流裔は広島、庄内、甲州に伝播した。

制剛流の潮流

制剛流は梶原源左衛門以降、尾張藩に伝統した。分流としては駿州田中藩の伝が幕末に隆盛したほかは奮わない。分派として有名なものに宮崎只右衛門の心照流、和田十郎左衛門の鑑極流、森川武兵衛の霞新流、小倉藩の眼心流、米沢藩の佛躰流がある。制剛流では様々な小道具を工夫したが、実伝は早い時代に絶えている。また、制剛流は捕縄術に優れていたが、米沢藩の佛躰流がその伝を墨守した。

駿州田中藩の制剛流柔術で最も名を馳せた早川八郎治発行の巻物

浅山一伝流の潮流

浅山一伝流は近世、江戸の森戸家が家元制を敷いて、全国の同流修行者を統括した。分流は信州、久留米、土佐、和歌山、大和郡山、佐倉などに及んだ。森戸系とは別に、柔術の伝は幕末、仙台藩領の桃生に伝承した。

浅山一伝流が森戸家に相伝される以前の分派としては三州吉田藩に伝統した応変流と、浅山一伝流と応変流より開創した一心流があり、それぞれ維新後まで伝統した。また、水戸藩の浅山一伝古流も古い時代の分派であり、後世に浅山一伝新流が分派している。

【応変流】

江戸で指南した浅山一伝重行からの分流である。一伝重行より四代目の台島権太兵衛が浅山一伝流を吉田藩に持ち込み、工夫を加えて応変流を創始した。

【一心流】

幕末、吉田藩で成立した新しい流儀である。「乱捕」を明治2年（1869）に制定していることは注目される。

【浅山一伝古流】

水戸藩を代表する柔術流儀である。水戸藩へは甲州浪人の小林茂衛門が伝えた。小林は浅山一伝重行と同門（中田七左衛門門人）である。幕末には藩内で大隆盛している。

戸田流の潮流

戸田流は近世、強大流儀として各地に伝播したが、本流は甲州に大正時代まで残った系統（戸田昇免流）を最後に、失伝した。戸田流の分派としては気楽流、柳生心眼流、四天流、無拍子流が有名である。

【気楽流】

気楽流は上州および武州秩父、阿波国に伝承した。

【柳生心眼流】

柳生心眼流は仙台藩領北部に伝播し、近世前期には捕手、小具足の流儀として記録に残っているが、桃生の伝は純粋な平服丸腰の柔術に変容している。この流儀は近世中期に江戸に流れ、さらに関西に伝わり、山陽地方の各藩にも伝播した。

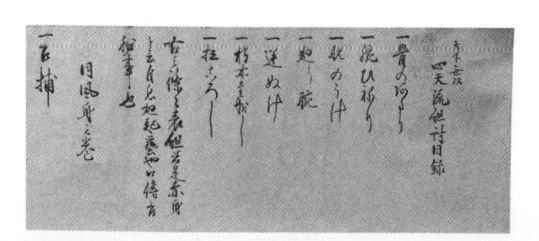

四天流の伝授巻

【無拍子流】

加賀の無拍子流の源流となった深甚流は戸田流に発している。加賀藩に伝承し、幕末まで栄えた。稽古に使用する道具の種類が多いことで知られている。

【四天流】

肥後熊本藩に伝承し、代々星野家が指南した。四天流には二天一流の二刀術が採用されている。

その他の流儀

以上の七潮流のほかに、代表的な流儀としては次のようなものがある。

【長尾流】

戦国大名上杉謙信の家臣長尾監物為明が流祖。六代目雨夜覚右衛門のときから金沢藩に伝えられた。

【小栗流】

小栗流は新陰流から出ている。土佐藩に伝承した。甲冑伝と称し、起倒流と近似した技法を持ち、固め技にも優れている。幕末の英雄、坂本龍馬はこの流儀の剣術を学んだ。

【無相流】

石田三成の重臣島左近の孫、島理休翁を遠祖とする。幕末、讃岐坂出の中条家に家伝して明治に至る。宮本武蔵の門人藤本左近に発する天下無双流が源と思われるが、確証を得ない。

【肥前多久の捕手】

肥前多久郷に近世、捕手と称して十流儀あった。十流儀とは本覚無双流、無想賢心流、新無双柳流、無双柔円流、無双真和流、天下枝垂流、本覚円流、鈴鹿本覚流、鈴鹿夢伝流、柳流で、これほどの流儀が同一の地に伝承した例は全国的にも稀である。しかし、そのほとんどが多久郷学校で教授されたため、明治維新直後に絶伝した。いずれの流儀も凶漢暴漢を捕縛するのを主とするものである。これらの流儀には、それぞれ師家が置かれたが、伝授巻は、それを専門に書写する右筆がいて、すべての流儀の伝授巻を同一人が筆記した。

無相流の伝授巻の系譜書

閑話休題 藩校と天領の柔術

　近世における柔術は、藩校における武士教育のためのものと、地方における郷士や農民を対象に指南された私設道場とがあった。

　全国諸藩のうち、柔術はもちろんのこと、あらゆる武術が他藩の数を圧倒的に凌いでいたのは仙台藩である。藩領全域に伝播が及んだ真極流をはじめ、一村一流儀という隆盛を誇った。なかには三、四流儀を伝承する村もあり、正に仙台藩は武術の宝庫であった。

　桃生郡中津山村では禅家流をはじめ、真願（心眼）流、剣徳流、兼流が指南された。隣接する登米郡でも柳生心眼流、菊丸〆流、西法院武安流、浅山一伝流、前鬼流、春日夢想流が各村に伝承していた。

　また、信州上田藩では文化10年（1813）に藩校明倫堂が設立され、以来文武の教育に力を入れた。演武場掲示に、

- 一　武芸稽古之儀は、非常の備一己の嗜たる間、常々無油断可相励事
- 一　武芸は勝負を専と致事に候得共、礼譲を守り、喧嘩口論を慎み、行儀正しく、相互に術を研き、私の遺恨を不挟、他の批判すべからざる事
- 一　万事師家の掟を守り、私として勝負の諍論致すべからざる事

とある。柔術の稽古は居合と同じ間を使用した。稽古は隔半日で行われ、形の教習のほか、試合をなし、その進歩の様子によって目録、免許皆伝を与えるなどの奨励を行った。また、柔術五ケ年皆勤の者には稽古帯一本が、七ケ年皆勤の者には稽古股引および帯一本が与えられた。修行者にとってはなにものにも代え難い宝物であったのだろう。

　天領とは幕府直轄領のことである。ここでは甲州の例を紹介する。

　天領には藩が存在しないから、土着の武士がいない。甲州でも江戸から入甲する甲府勤番士と代官所

第二章　歴史と流派の沿革

の役人を除けば、武士は存在しないのである。

　甲州土着の庶民層で柔術を修行した人たちは、神官、医師、村役人層の人々である。甲州の神官の多くは武田家支配の遺制「兼武神官」(平時は神主職にあり、戦乱が起これば主家に随従して出兵する)が近世も存続し、剣術や柔術を伝えた。甲州で神官が伝えた柔術としては渋川流(しぶかわ)があり、一時、江戸の本家渋川流が存続困難に陥ったとき、これを救ったこともある。諸国から来訪する武術を心得た浪人も多く、村役人の食客となって、身に覚えの武術を教えた例も少なくない。江戸初期に入った慈玄流(じげん)、幕末に伝来した楊心流(ようしん)や関口正統柔術(せきぐちせいとう)は、浪人が持ち込んだものであり、村役人層が相伝した。

兼武神官が伝えた渋川流柔術の伝授巻

日本柔術の近現代

明治の柔術 —東京—

　明治維新後の武士階級の崩壊と藩校教育の廃止は、都市部における日本武術の一大危機を到来させた。特に西洋化の波を真面に受けた東京では、柔術を修行する者は時代錯誤の変人と嘲笑される時代になった。

　柔術家は接骨業で身を立て、わずかに残る門人を相手に稽古をつける有り様に成り下がった。なんとか伝統の灯火を絶やすまいとする者は「柔術興業」で身を繋いだ。柔術を捨てた者のなかには、流儀の秘伝書をただ同然の値で古物商に売りさばく者があったり、巻物を大量印刷して"秘伝"を三文でばらまく者も現れた。

　地方においても旧藩の都市部では廃藩による武術師範解雇の影響が武士の前途を暗闇にした。武術以外に生きる道を知らない者は皆途方に暮れた。久留米藩津田一伝流剣術師範の津田一左衛門正之は、武術廃止に激して流儀の伝書一切を火中に投じ、明治5年（1872）5月に自刃している。

　しかし、明治10年、武術界に復興の兆しが現れた。西南戦争の勃発である。政府は敵軍を鎮圧するために剣術家を招集して抜刀隊を編成した。これがはなはだ戦功大なるものがあり、武術再認識の気運が高まった。

　明治14年、警視庁が再設されると武術の錬磨が必要視され、顧みられなかった武術家が警視庁に採用されて優遇を受けた。旧藩地方に閑居していた斯道練達は警視庁に参集し、古流各派の粋を集めて警視庁武道（警視流）を制定した。柔術形は「警視拳法」と称し、16本が採用された。次のような構成である。

柄取（天神真楊流）
柄止（渋川流）
柄搦（立身流）
見合取（戸田流）
片手胸取（荒木新流）
腕止（起倒流）
襟投（関口流）
摺込（無双流・清水流）
敵ノ先（神明殺活流）
帯引（良移心頭流）
行連左上頭（殺当流）
行連右突込（各流併合）
行連左右腰投（渋川流）
行連右壁副（楊心流）
行連後取（各流併合）
陽ノ離レ（扱心流）

　以上の形のほかに、捕縄術と活法が教えられた。

講道館柔道と大日本武徳会

　明治28年（1895）、京都市では平安遷都1100年を記念して、全国の武術家を招聘して武術演武大会を計画。大日本武徳会を創設して武術の高揚に努めたから、全国各地の腕に覚えのある者が競って入会した。

　東京ではすでに、日の出の勢いにあった講道館柔道が古流柔術を凌駕して、一大勢力を築いていた。明治30年代になると、西日本中心の古流柔術家たちが打倒講道館に燃え、毎年5月の武徳会演武大会には両勢力の激しい試合が繰り広げられた。立技を主とする当時の講道館にとって寝技を得意とする武徳会は強敵だっ

第二章　歴史と流派の沿革

た。しかし、多くの流儀が雑居する武徳会に対して、一勢力で対抗した講道館の技法は武徳会でも有力となり、明治39年に制定された大日本武徳会柔術形は講道館柔道そのものであった。当時の武徳会で腕を鳴らした流儀は、不遷流、竹内流、双水執流、竹内三統流、関口流、四天流、楊心流、扱心流、無相流、力信流、神道北窓流、天神真楊流などである。

なお、講道館では嘉納治五郎が学んだ起倒流の二十一形を「古式の形」として保存している。

明治の柔術 —地方—

都市部で衰微していく日本柔術とは対照的に、地方では柔術が大隆盛した。一般に、日本武術は明治維新後に顧みられなくなり、衰退の一途を辿ったなどといわれることが多いが、それは都市部だけにいえることで、地方の農村では柔術を修行する者が急増した。

著者が学んだ流儀でも、宮城県の柳生心眼流や浅山一伝流、広島県の渋川一流、岡山県の力信流などは維新後門人が激増した。これは武士階級の崩壊とともに武術が一般庶民に解放されたこと、教育水準が高まり庶民の武術への関心が高まったこと、農閑期にこれといった娯楽が柔術以外になかったことなどの諸要因によるものと推察される。

渋川一流では首藤蔵之進が多くの上極意皆伝師範を誕生させたので、狭い村の中にいくつもの道場ができ、村の男子は一人残らず最寄りの道場に入門した。力信流では道場の中では稽古がさばききれず、外に筵を敷いて稽古をさせる有り様だった。

明治24年に渋川一流柔術師範の宮田玉吉が掲げた奉納額。当時の盛況振りを物語っている

日本柔術の変容

　明治時代の柔術は、古流を墨守して古伝の内容を一手も変えずに伝承した流儀ももちろん存在したが、多くの流儀が新時代に向けて教授内容を改編しているのもまた事実である。

　著者が学んだ柔術では、仙台藩の浅山一伝流が幕末に早くも相沢本家において改編作業が始まり、半棒や草鎌術が削除され、居捕(いどり)も一手を残しただけで伝統の目録が崩れた。これは多くて複雑な形を精選した例である。

　星貞吉(ほしていきち)の柳生心眼流兵術では、中国拳法にも類似した、隔離して形を打つ拳法技法を案出して、一般には武器術の教伝は行わず、拳法(柔術)だけを教えた。

　広島の渋川一流では逆に首藤蔵之進の目録に見る手数の数倍に内容がふくらんだ。現伝の渋川一流は、柔術技法としておおよそ考えられるあらゆる想定の形を網羅しており、武器術を除いた柔術だけでも二百二十三手(谷田朝雄師範伝)に及び、これらのすべての形がさらに「裏(うら)」「三段裏(さんだんうら)」へと変化する。まさに古流柔術の集大成ともいえる内容である。しかし、渋川一流でも三道具の術など、時代にそぐわないものは欠伝している。

　豊橋の一心流(いっしん)柔術では、明治2年(1869)当時の師範三名が協議して乱捕を制定した。

　東京でも奥村忠春(なくむらただはる)は卜伝流(ぼくでん)柔術を伝えたが、伝統の手形を一変して、技法を居捕(どり)・立捕(たちどり)(主として倒し技)・投手(なげて)・締手(しめて)に分類して教えた。

　岡山の竹内流でも武徳会に進出していった一派では形よりも乱捕を重点的に修行している。

稽古着の変化

　この時代には稽古着にも変化が現れた。日本柔術では紋付袴(もんつきはかま)で演ずるのが正式ではあるが、日常の稽古の激しい動きには耐えられないので、上衣は綿布を細かく刺子(さしこ)に縫ったものを用いた。下衣は股引の上に綿袴を着けた。これが近世の稽古着である。ところが、これは縫製に大変な手間がかかった。

　折しも講道館柔道が全国に普及し、大量生産された柔道着は安価で容易に入手できた。全国の柔術道場は軒並み柔道着に切り替えた。袴を着用しなくなってしまったのである。

　武士の稽古事に袴は必需品である。現在の柔道着は武士の下着姿であり、現代人はそれに見慣れてしまっているから、違和感を覚えないが、これは非常に端たない姿である。著者が学んだ流儀でも、浅山一伝流や渋川一流、柳生心眼流では戦前から袴を着用していない(浅山一伝流は奉納演武の際は紋付袴を着用した)。一方、香川の柴真揚流(しばしんよう)は戦前から袴の着用を義務付けている。

　現代でも、古伝の形を伝承し、古式を墨守する信念があるのなら、日常の稽古であっても袴は絶対に着用すべきである。だから、著者は前記三流儀の方々にも、今では袴を着用していただいている。少なくとも演武会や書籍で技法を公開するときには袴を着用すべきである。

棒術の併習

　明治時代までの日本柔術は、多く棒術を併伝していた。農民層は近世から帯刀の習慣がなかったから、剣術や居合よりも棒術を愛好する傾向にあった。

　柔術を表芸とする岡山の竹内流や力信流は、棒術をことのほか重視した。渋川一流柔術は浅山一流棒術、為我流派勝新流柔術は無比無敵流杖術、武州伝真神道流柔術は増山真業流棒術、庄内藩伝至心流捕手は竹生島流棒術を、それぞれ伝えた。

　接触（近間）丸腰武術の柔術には、隔離（遠間）有兵武術の棒術が相性よく、中国でも拳法と棍法を兼修する傾向が強い。講道館では戦前、嘉納治五郎が棒術の必要性を痛感して、柔道修行者に棒術を学ばせるべく、香取神道流の導入を試みたが、肌が合わずに消滅した。棒術は形の修行を主とする柔術には合うが、乱取を専らとする柔道には定着しない。

海外への伝播

　明治時代後期、日本柔術の一部は海外へ流伝した。特に、欧州は文化受容の能力が高く、勤勉さもあいまって吸収が早かった。幾多の柔術教授本が出版されたのも特筆されてよい。

　これらの柔術本には、日本人の師範名や流儀名が書かれていない場合が多く、書かれていてもアルファベットのために特定の流儀や師範が判明しない場合が多い。今となっては貴重な文化遺産であるが、欧州においてもこれらの本が出版された当時の柔術を伝えている人は至って少ないのが現状である。

　例えば、1906年（明治39）にロンドンで出版されたロジャー・ワッツ女史著『柔術の妙技』（原題『THE FINE ART OF JUJUTSU』）はハイレベルな内容であるが、流儀が判明しない。解説文中に"ラク・ウエニシ"という人名が出ているが、経歴もわからない。技法は乱取用の形のほか、両手取手解が出ていたり、後襟取、後抱取などの護身術的なものも解説され、すべて鮮明な写真が載せられ

柔術を表芸とする力信流の棒術

ている。女史の足構え（腰の据え方）などは堂に入っている。明治時代の日本柔術の姿を見事に表現している。

大東流合気柔術の創立

　大東流は明治30年頃、会津出身の武田惣角によって開創された新柔術である。武田は最初、剣術に頭角を現したが、故あって柔術に生涯をかけるようになった。技法は講道館柔道が排除したものを集大成したと思わせるほど、反講道館的である。技法のすべてが手技から成り立っているのが特徴で、最初は単に柔術と称していたが、後に「合気柔術」というようになった。現在普及している合気道や八光流柔術は大東流から分派したものである。

　大東流は明治時代、主として東北各地に講習会方式で伝播され、武田が直接指導に出張して、直伝した。後に大阪や東京にも普及して、現在は多くの人に愛好されている。古流柔術とは所作や概念において一線を画する近代柔術の代表的な流儀である。

大正時代の柔術

　大正時代には、これも講道館柔道に対抗するが如く、二つの柔術が全国に普及した。

　一つは帝国尚武会の神道六合流。もう一つは愛国神武会の中澤流神伝護身術である。神道六合流は通信教授、中澤流は短期講習会の方式を採用して普及に努めた。共に本部は東京にあった。

　神道六合流は茨城県出身の野口潜龍軒が祖。諸流の柔術を併せて乱捕と形の教習を両立した。形は乱捕とは別に古流柔術の形をそのまま採用し、それを流儀の制定基本にした。また、それとは別に戸塚派揚心流の伝統形も伝習させた。神道六合流は通信教授を行ったことで特筆されるが、これによって日本全国に会員ができた。通信教授に用いたテキストは非常にわかりやすく、全形写真入りで解説されている。また、野口は海外にも出張教授し、日本柔術の正しい姿を世界各地に紹介したことは評価されるべきである。

　中澤流神伝護身術の祖は山梨県出身の神道大教正中澤蘇伯。流儀の成立過程に

神道六合流開祖の野口潜龍軒

ついてはなお不明な点が多い。技法は大東流柔術に共通したものが多く、初段から十二段までに分類して、体系的に教授した。中澤流は女子護身術として広く普及し、また短期講習会を各地で開いて好評を博した。この教授方法は後に八光流柔術に踏襲される。両流儀ともに戦後は奮わない。

昭和戦前の日本柔術

　地方ではだいたいにおいて、戦前までは明治時代の様態を保持していた。幕末生まれの旧藩武士も生存していたから、本物の古流が息づいていた。大日本武徳会では全国各県の支部活動も活発で、毎年の演武大会は活況を呈した。著者が相伝している仙台藩の浅山一伝流柔術では昭和初期に200名からの門人を擁していた。

　学校教育では男子は柔道・剣道、女子は薙刀術が正課として教えられたが、男子武道は次第に銃剣術に押されて軍事的教練の色彩を強め、本来の武術修行の目的を失っていった。

　しかし、一方では植芝盛平が大東流から合気道を開創し、奥山龍峰が同じ大東流に中澤流神伝護身術を加えて八光流柔術の開祖となった。大正末期に本土に入った沖縄空手が日本武道としての地位を確立していった。

　東京に日本古武道振興会ができたのもこの時代（昭和10年創立）である。当時の振興会に加盟していた柔術の流儀には双水執流、誠極流、真神道流、鹿島神流、天神真楊流、貢蔭流、戸塚派揚心流、楊心流、力信流、柳生心眼流、為我流、高木流、竹内流、竹内三統流、四天流、関口流、霞新流、扱心流などの諸流があっ

たが、現在では失伝してしまった流儀もいくつかある。

戦後の伝承と組織化

　第二次世界大戦後、武術は二度目の暗黒期を迎える。このときは都市部よりも地方の伝統流儀が受けた傷痕のほうが大きかった。大日本武徳会は解散、柔道・剣道・薙刀道は学校教育から姿を消した。

　地方の柔術道場は軒並み閉鎖。武道禁止令（1945年11月）が原因であるのはもちろんのこと、戦前の修行者のほとんどは20歳代の屈強な青年であり、これらの若者は出兵して帰らなかった。戦後の生活苦の状況下では武術の稽古をしている余裕などなかった。広島の渋川一流の修行者のなかには経済的理由でハワイ・カリフォルニア・ブラジルに移住する者も少なくなかった。だから、著者が学んだ仙台藩伝浅山一伝流や広島の渋川一流、山形の新庄藩伝の穴沢流薙刀（新庄小学校の正課）などは、戦後ほとんど稽古のできる状態ではなかった。著者が昭和末期に教えを受けたときには師匠は皆、40年の空白期を乗り越えての教伝だった。

　昭和27年（1952）2月、戦後の連合軍占領下の日本で最初に総合武道大会を行ったのは国際武道院である。後に国際武道院には古武道部会と日本柔術部会ができ、日本古来の柔術が欧米に普及された。

　やや遅れて、日本古武道振興会が復活した。大日本武徳会は全日本剣道連盟に変身し（京都大会を踏襲）、柔道・空手道・薙刀・弓道・各種古武術などは分離独立して、それぞれ新たに連盟組織を設立した。

　昭和53年（1978）には第一回全日本古

日本柔術の近現代

武道演武大会が開催され、日本柔術の存在が武道界に次第に認識されるようになった。

　今や、日本柔術は古流柔術、現代柔術の別を問わず、本家の日本よりも外国のほうがはるかに盛んであり、修行者もまた極めて熱心である。

日本柔術を修行する
海外の有志（ドイツ）

第三章 日本柔術の思想と教義

日本柔術の思想と教義

本章では、日本柔術の思想と教義について、従来から取り上げられている文献に加え、著者の所蔵する多くの伝書類を使用して、新たな視点で解説する。

近世の武術は、泰平の世における武士階級の教養としての地位を確立し、教伝課程が細分化されて、思想的バックボーンが流儀を格式付けした。特に柔術は「無手の武術」として、崇高な理念・理論のもと、世界稀なる精密優雅な殺活自在の技法を完成させたのである。

思想には古今東西を問わずキーワードが存在する。そのキーワードの示唆する内容が技術の裏付けとしての教義を形成する。これから解説する「本体」「本心」「気」などの流儀の思想を表すキーワードは西洋哲学における「無知」「イデア」「形相」などといった概念に相当するものとして各流儀内に伝えられている。

起倒流の「本体(ほんたい)」

起倒流で最初に修行者に与えられる伝授巻が『本体』である。極めて短い巻子(巻物)で、普通の目録と違うところは、技法(形)の目録がまったく書かれてなく、いわゆる伝授巻の前文に当たる部分が、伝授内容のすべてになっていることである。『本体』は、流祖茨木専斎(ばらきせんさい)が別巻『性鏡(たくあん)』とともに沢庵禅師から授けられた起倒流の原典である。『本体』の原文は次のとおり。

  本体者体之事理也専離形扱気不得正理己不知扱気静貌至所得静気敵之強弱能徹強弱通達則千変万化無不制敵是則中虚実為本務体之正已故本体云尓

本体とは真の身、すなわち正体のことである。事理とは道理のことで、仏教では相対差別の現象(事)と絶対平等の法性(理)を事理という。起倒流では人間本来の姿(自然無心の本体)に帰一する修行を根本とし、体を正しく保ち、私心を去って心を正しく保つことを第一の務めとしている。沢庵は臨済宗の僧侶であり、起倒流は仏教の妙道を尊信する柔術として、剣術の新陰流とともに特筆される存在である。

さらに『起倒流組討心得』は次のように説いている(句読点は著者。以下同)。

  夫組討取組の事、第一柔剛強弱を本にして、能心を沈、乱る心持なく、顔色に怒をなさず。五体に角なく、力を出さず、稽古すべし(下略)

起倒流では、力を捨てて気を扱い、平常心をもって五体が柔順になることを要諦としている。

扱心一流の「本心」

起倒流の教義をさらに敷衍したのが扱心一流の教え「本心」である。『扱心一流本心巻』がその根本精神を簡明に説いている。

　夫扱心とは敵の気を扱うにあらず。敵対の上、己が気を自由自在に扱うを要とす。敵、千変万化の業を為すとも、止めず、敵を計らずして、心気正直の運びにて、活達するに於ては敵の邪正・変動・強弱の境、心境に徹通して勝負相分かる事、全き理也。（中略）修行の間、打ち立ちの難業を僉議し、己にかえり、切磋琢磨すれば、敵の邪正・変動・強弱の境、明鏡に徹して、終には本心の位に備うるべし。是当流本心之巻の肝の要也と云々

扱心流では「臍下に心を守れ」という教えを排斥している。臍下（へそ下）に心を置くことに終始していると、かえって心を束縛して自在にならないと説く。この心の束縛が後には力みとなって自由に動くことができないという。「心は心のままに捨て置き、伸び伸びと形を鍛練する」のが扱心一流の教義である。そうして敵のすべてを察知し、自らの気を自由自在に扱い、臨機応変に対処できるようになって本心の位に至るものであるとしている。

関口流の「本心」

関口流伝書『関口流極秘心法観念之巻』の「有心　無心」の項に「本心」について次のような記述が見られる。

　有心は妄心と同事也。有心とは、ある心とよみて、一方へ思つむる所あり。心に思つむる所あり。心に思事有て、分別思案が生ずる程に、有心の心と申す也。無心の心とは本心也。一所にかたまり定る事なく、分別も思按もなき時、心は惣身にのび広ごり、全体にゆき渡りたる心を無心の心と申也。

ここで言わんとしていることは、扱心一流の「本心」と同じであり、つまりは心のままに伸び伸びと形を鍛練することにより、体が自由に働くようになると説いている。なお、関口流のこの伝書は、竹内流に伝わる『無名住地煩悩諸仏不動知』とほぼ同じ内容であるが、どちらが原典かは今のところ不明である。

貫心流の「気」

貫心流でも起倒流や扱心一流のいう「気」について、同義の理念を教示しており、『貫心流居合拳法骨砕之巻』には次のように記されている。

> 勝負の節、坐臥にして其勝を取る事、気の進退虚実に在り。常に熟し、自然と其法に叶う時は、忽ち其勝を得る。勝負は其常に在り。対する事一間に過ずして其虚実を察し、一毛の変動無く、明徹にして其別に至るのみ。

勝負は気の働きが重要であり、常に稽古によって気が十分に働くような状態にしておくことが、我が身に変動を起こさず、勝利を導くものであるとしている。

関口流の柔理

日本の徒手武術に初めて「柔」の文字を使用して、これを「柔術（やわら）」と称したのが関口流である。この「柔」の文字は重要な意味を有している。

関口流では楊柳を本体としている。楊柳が物に応じて逆らわず、随わず、来る物につれて働きながら、その中に自己の本体を維持するところに柔の精神を表現している。

> 夫世に言う所の柔は、唯やわらかなる物を以て柔とす。当流の柔は左にあらず。楊柳を以て柔とす。楊柳は死物にあらず。やわらかにして陽をふくめり。さるに依て生物なり。楊柳は物に応じてさからわず、したがわず、来る物をつれてつくる所に於て、本体へ帰るもの也（『関口流柔誘引書』より）

この精神は流祖関口柔心が自得したものである。そして、その理を中国の『老子』（兵書では『三略』が嚆矢）に求めた。すなわち、

> 天下の至柔は天下の至堅を馳騁す
> 天下の至柔は為して能く天下の至剛を制す

がそれで、後世、柔術諸流が「能柔制剛」を標榜した原典がこの『老子』にあることは広く知られている。関口流の歌に次ぎのようなものがある。

> 紅毛人が　細工も出来ぬ　我が国の
> 　　　　　関口流儀の　柔らかな術

楊心流の「風楊之位」

一説に関口流より出たといわれている楊心流では、流名が示すとおり、楊の性質を流儀の根本理念に位置付けている。『楊心流柔大目録静閑之巻』によれば「風楊之位」とは次のように説明されている。

> 風楊は風に乱る、楊なり。楊は主なり。風は敵なり。楊の性、柔弱にして烈き風に随て形を破られす、本形に返す。兵書に曰、柔能制剛取勝なり。故に風楊之位と云なり

敵に応じて逆らわず、己の力を捨て、敵の力をもって勝つ。それには力に頼らず、身体を心に柔順とし、楊柳が風に靡くように敵の変化に応じ、自らの体を失わず、軽く柔らかに力を用いる。これが

「小よく大を制する術」であり、柔術とはまさしく非力の者が剛強の者に勝つ術である。

また、楊心流を代表する伝授巻『楊心流静間之巻』でも次のように表現している。

　　夫楊柳之為物哉枝條如絲而不勝鶯者也亦暴風吹之不折積雪壓之不摧何則無敢争無敢逆唯能柔弱応之也

この精神は、真神道流や天神真楊流のほか、諸流に受け継がれ、柔術普遍の理念として踏襲されていった。たとえば、真神道流では「位之事」として次のように説いている。

　　位は波か浮木の位也。浮立浪にはうき、沈む浪にはしづむがごとし。敵の気力のはげしきにさからはず、それにしたがひ、応じて其気力を察し、勝理をうるなり。

敵に応じて逆らわない教えは楊心流の「風楊之位」と同義の理念を表象している。

渋川流の「力」

柔術における「力」についての他流の見解を見ると、例えば渋川流の場合は力を「気力」と「質力」に分けて、次のように説得力のある説明をしている。

　　質力は筋骨の強味にて俗に云う力のことなり。是は限りあるものにて、生付の外を足すと云事はならぬもの也。気力は精神の強味にて、心にて是非ともにと励み思う所の気のきしみの事なり。是は何程と云限りのなき物にて、養成すに至ては志次第にて如何様にも募るもの也。吾が柔術は此の気力を種にして養立て修行する事なり。

「力」について渋川流ではさらに具体的に述べている。

　　勝負之道の行はるる所は、曾て力の強弱にも、形の大小にもよらず、実に水の中へ油を投ずる如なるものにて、さて吾が柔術は能くそこを体認自得する事なり。故に一切力の合はぬ場で物をするを、柔術の妙機とするなり。物をすると云は当流の家言にして、惣じて業をなす事なり。扨右の通ゆえ、小兵なる者でも、非力なる者でも、其志次第にて上手名人の場へ至られぬと云ことなし。故に柔術の修行に就て、形の大小、力の強弱をば一向論ぜぬ事なり。

力の衝突を一切避けて業を行うことを重要な眼目とし、これを柔術の妙機であるといっている。

また、気楽流では『柔道秘術之伝』において次のように論している。

　柔術は敵の力を用ゆる時は又力を用ゆれば其力争ひ負る也。弱能強を制すと云是なり。誠に力を以争は、素人業にして、術にあらず。力は敵の力を用て後の先を専とすべし。斯云は力は一向不用ものと心得虚弱成にあらず。

力をもって争うのは素人のすることで、これは術ではないといっている。しかし、最後の部分では、力はまったく不必要なものではないことを論じており、逆に虚弱になることを戒めている。このことについては、天神真楊流でも「稽古中に力を強く入るを忌む事は、一向に力を嫌ふには非ず。元より力在る者と力無き者と芸術の上達同位なれば、力在る者には若く可からず」としており、力を完全否定するものではないことがわかる。

余談であるが、著者が師事した柔術の師匠は、皆筋骨隆々としており、プロレスラーのような体格をしているが、柔術を稽古しているときには攻撃を仕掛けても「楊柳」そのもので、手応えがまったくない。そして次の瞬間には技を決められて身動きできないようにされてしまう。まさに「術」そのものである。今ではこの「術」を真に使える人はほとんど見られなくなってしまっている。

真極流の「初学先習之事」

これは真極流の門下生が師匠に対して様々な質問をしたときの一項目である。柔術に入門してまず最初に習うことはなにか、という質問に対して次のように答えている。

　人を捕り拉ぐ事と覚え、力を以てせんとすれば、皆力みというものに成り行き、真の力にあらず。手を以てせず、足を以てせず、惣躰を和くして、心をゆうになし、形を邪曲にせず、正しく素直に嗜み、手数を次第に鍛錬しては、自ずから其功見ゆるものなり。先稽古をば一二年にも能くせんと思わば、百日計のうちに磨き立てんと、火急に精を出し、志を励まし、其後は師の法を心に習熟せしむることを第一とす。

これによれば、柔術の稽古をするときには、力まず、体を柔らかくして、心を優にする。そして、形を正確に行い、流儀の手数を鍛錬していれば、その功は次第に現れてくるものだという。これは前項の渋川流が説く「力」の見解に相通じるものがある。

渋川流の「三綱領」

　渋川流では、柔術修行の大綱として「節制」「作用」「本理」の三綱領をあげて説明している（『柔術大成録』より）。

　「節制」とは、勢法によって身体を修練し、元気を養って、自らの気・体による負けをなくすことで、渋川流では「表」の演習がこれにあたる。

　「作用」は、節制を整えた次の段階で、積極的に勝つための技や方法を体得するもので、奥の演習がこれにあたる。

　「本理」とは、真剣勝負とか、出陣するとかいう生死の場に臨むことがあったときでも、自分は決して負けないという自信をもって臨める道理を考え、日々修行することをいう。

　渋川流柔術のすべての理論・技法はこの三綱領から敷衍されたものである。

起倒流の「不動智」

　起倒流「天巻」に、次のような記述がある。

　敵に対するに愛に敵ありと、念の起る時は動ずるもの顕る。動ずるに至ては一身むなし。敵とみて、しかも心不動、虚霊にして、安く対する処、本体そなわれるなり。是不動智と云。平生の神気不動の工夫熟得肝要也。神気不動にして敵に対すれば、敵気をのまれて迷う。ここを先を取とも云。たとへば敵より先にとりつきても、我神気不動なれば、敵速に事をなすことあたわず。

　前述したように、流祖茨木専斎は柳生宗矩とともに沢庵禅師の教えを受け、「本体」と並んで、この「不動智」も沢庵の説いた『不動智神妙録』の思想を得て成立したものである。本来の不動智とは、仏家において座禅観法の修行を積んで初めて得られるものであるが、起倒流のいう不動智も内容的には同じことを指しており、敵に対して動揺しない神気に満ちた心のことをいう。

天神真楊流の「不動心」

不動心について天神真楊流では次のように説いている。

> 不動心はうごかざる心也。心正明にして惣身へ気満渡りて、白剣を眼で見ても心に不見、或者、大筒の音を耳に聞ても心に不聞して、物毎にとふとふ動ざる所なり。是を大丈夫といふ。此大丈夫の動ざる心にて、此心をうごかして千変万化の業を自在にする時は、幾千万の大敵といふとも、とふとふ動ざる所の心をさして不動心の位といふ也。

この天神真楊流の教えは、前項「不動智」の内容を普遍化したものと見ることができる。狭義には物に動じない心ということで、敵に対して動揺しない不動智の思想を敷衍するものである。

小栗流の「知我」

小栗流の説く「知我」とは次のような内容である。

> 和悉習を得て、所作、事、放れて後、自然に我に備り、諸事心の如くにして、己と勝負を考るを、我を知ると云。我家の鑑是也。此我を知を以て自非を改め、朝の負を夕に勝、今日は昨日の我に勝て、我と我悪を去て、我に美を加る也。己に勝て敵に抱はる事なし。此心肝要也。

「今日は昨日の我に勝て」などは今日でも通用する有為な格言であり、人生訓でもある。

小栗流の「大事相伝」

「大事相伝」は思想ではなく、流儀の主義主張である。『小栗流和三箇之大事』には次のように述べられている。

> 此三箇条は師伝の一大事也。実子たりと雖ども猥りに之を伝ふべからず。此三箇条を伝へざれば、成就と云べからず。然れば我と心の合ざる者は弟子にとらず。弟子にとれば教えは実子同意也。故に武士の志深く、心行合ふ時は、弟子にても一大事を伝へ、実子たりとても心行悪しく、志浅ければ、いさめ教ふる事なし。往て教ふる法なし。

俗にいう「一子相伝」を否定している。これは他芸と武術の相伝観念の差異として注目される点である。

第四章　柔術の技法

柔術の技法

　日本柔術の技法は江戸の泰平期に技法も理論も絶頂期を迎えた。海外文化との接触を断った鎖国政策のもとで、武術は武士という特権知識階級の間で爛熟する。国家の泰平思想および主君間の主従関係が、この国の平和武術を培養したのである。とりわけ柔術は「神武不殺」を標榜し、生かして捕るという世界無類の格闘術を成立させた。

　柔術は全国諸藩に広く行われ、多くの流儀を形成した。流儀は形の構成によって成立し、形は技法の構成によって成立する。柔術の技法は日常の様々な状況下における想定をもとにして組まれている。柔術に双方が座して取り合う「居取」の想定があるのは、日本文化の一面が武術に強く反映している好例である。

　柔術は明治時代になって柔道にとって代わられ、一般の人が目にする機会はほとんどなくなってしまった。地方で流儀が残った場合でも、柔術の稽古は門外漢には見せないという慣習が存在したため、これがかえって柔術を衰退させる原因にもなった。現在、日本人のほとんどが柔術のことをなにも知らないのは、そうした閉鎖的性質をもっていたためである。

　柔道はスポーツであり、柔術に含まれていた危険な技を排除して普及に努めた。間違えてはならないのは、ここでいう危険な技法というのは人を死に至らしめるような野蛮な技法をいうのではない。危険な技法というのは「逆手」や「当身」のことである。逆手は無理に掛けようとしたり、無理に逃れようとすると骨折や脱臼を引き起こす。当身はそれだけで相手を倒そうとすると殴り合いになる。試合のたびに負傷者が続出していたのではスポーツにならない。だから柔術は試合をしないし、また、試合はできない。

　しかし、日常生活における護身術として最も有効なのはこの危険な技法なのである。現代武道の中でも合気道は、この危険な技のうち、特に逆手を中心とした関節技で体系が組まれ、形の習得を稽古の中心にしている。その点から見れば合気道は最も柔術に近い技法と稽古法を有しているといえるだろう。

　危険な技法を安全に稽古できるようにしたのが合気道の形であり、古来から伝わる柔術の形である。柔術の技法は卑怯とよばれる手を除いて、おおよそ考えられるあらゆる格闘技法を網羅している。卑怯な手というのは、爪で引っ掻いたり、噛み付いたり、凶器を使用したりすることである。

　柔術の技法は、厳密には相違するけれども、おおむね柔道、合気道、空手道の技法を総合したものだと考えればよい。すなわち「投げ」「締め」「固め」「関節技」「突き蹴り（当身）」の五大技法より成り立っている。形で稽古をするので危険性はないが、加減を知らない素人が真似をすれば危険な技法にもなるから、要注意である。

　本章では柔術の技法について、詳細に、かつ理解しやすいように解説をしたつもりである。この解説は著者が長年修行してきた諸流の柔術を中心に、他流の見解をも咀嚼してまとめた独自の見解である。

体捌き
閑話休題

　体捌きは流儀により、また状況設定により様々な方法が用いられる。基本的には互いに中心をはずすことで、安全な位置に体を移動させるための技術を習得する。
　大別して内側に移動する「内捌き」と外側に移動する「外捌き」の二法がある。

内捌き（左手受）

内捌き（右手受）

外捌き（右手受）

外捌き（左手受）

関節技

関節技の定義

　関節技というのは、柔術における代表的な技法の一つであり、その種類は実に豊富である。関節技や当身は「柔よく剛を制す」、あるいは「小よく大を制す」という柔術の理想を具現するのに最も有効な技法である。関節技の定義を述べるとすれば、「関節の逆を取って押さえ（固め）、あるいは投げる技」ということになる。定義のうち、一般的には前者を「逆取」、後者を「逆投」という。本項では逆取の技法を中心に概観する（逆投は次項「投げ技」参照）。

　逆取が柔術の中でいかに中核的な位置を占めているかは、讃岐の無相流が柔術をあえて「逆取」と換言していることからも明らかである。

人体の陰陽

　関節技を理解するうえで、人体の骨格や筋肉の構造を知ることは不可欠である。ここでは、そのための一つの方法として、人体の表面を「陰陽」の二元的解釈によってとらえることを試みたい。著者が学生時代に師事していた全日本中国拳法連盟の西郡多喜雄師範から、人体における陰陽理論について次のような説明を受けたことがある。これは、中国拳法における考え方であるが、著者がこれから関節技を説明するのにも、また、読者諸賢が関節技を理解するためにも非常に便利な教えである。

　　人体は小宇宙であり、そのすべてが陰陽両極から成り立っている。人体の表面のうち、関節が内曲する側が「陰」、その反対側が「陽」である。例えば掌の場合、甲側が陽で、手相のある内側が陰となる。腕では肘骨の突出している側が陽、注射を打たれる側が陰となる。足では膝小僧のほうが陽で、ふくら脛のあるほうが陰になる。胴体の場合、背中が陽で、胸や腹のある前面が陰である。

外曲と内曲

　関節技を掛けるには、陽側から関節に圧力を加え、陰側が最大開角度に達した時点でまず逆を掛ける（外曲。一般的にいう逆手）。そして、そこから関節の逆を決めたまま、連続して技に移るのである。関節の最大可動開角度はだいたいにおいて180度強となっているが、なかには関節が柔らかくて、もう少し開く者もある。関節技を強力に決めたり、関節技が完全に掛かっているのを強引に逃れようとすると、関節は重負担に陥り、脱臼や捻挫を引き起こす。反対に関節を陰側に狭閉する技法もある（内曲）。関節外の骨格部分に強度の圧力が加わると骨折となる。関節でも「当て折り」を掛けると、複雑骨折を引き起こす。逆を掛ける場合には、必ず相手の体勢を崩す必要がある。これは相手を無力化して、反撃をさせない工夫でもある。そのための技法の一つに当身がある。

関節技

掛ける時機

　関節技を掛ける時機で区別すると、「前掛け」と「後掛け」に大別できる。
　「前掛け」は相手を投げたり押さえたりする前の段階で掛けるもの。
　「後掛け」は投げた相手を固め技に決めるために掛けるものである。

閑話休題

受身(うけみ)の本意

　柔術の受身はもともと関節技を外すための手段であったのが、講道館柔道の普及によって投げられたときの衝撃を和らげるためだけのものに変質し、技も理も消極化してしまっている。もちろん受身には衝撃を和らげる目的はあるが、その本意は逆手や投げを外すためのものであり、自分が生き返って反撃に転ずるという積極的意義を有した技術である。現在の合気道に見られる「小手返(こてがえし)」や「四方投(しほうなげ)」は、技が掛かることを前提にした投げる側の稽古しか行っていないが、相手の技を殺して反撃に移る稽古をしないと、武術としての本質的な技術の向上は望めない。柔道の背負投げや巴投げのような技法にも受身による反撃の方法が柔術にはいろいろある。
　逆手から逃れるためには地上転回や空転をどんどん稽古しなければならない。そのためにはまず身軽であることが要求される。この転回を使った返しの技法は、投げられたときの天地の感覚を養うためにも極めて効果的である。著者が伝承している仙台藩伝の浅山一伝流(あさやまいちでんりゅう)柔術では初伝にあたる「表(おもて)」の段階から、転回や空転で関節技や投げ技から逃れる稽古をする。こうした受身は、手加減をせずに相手に思い切り技を掛けさせるための方策でもあり、固められた土間の上で行う稽古に要求された必然的な方法でもある。

004

指関節技

　指関節技はあまり普遍的に行われたものではないが、流儀によってはこれを基本に置いているものもある。例えば、仙台藩伝浅山一伝流柔術では、入門して最初に学ぶ「表」の段階から敵の掴み手の親指を取って外す稽古をする。

　また、親指を除いた四本の指を一緒に掴んで、外曲に締め上げる掛手（攻撃）の方法が柔術にはよくあり（仙台藩伝浅山一伝流、揚心古流、本覚克己流など）、『北斎漫画』の柔術画にもこの手が描かれている。この手は指の関節を決めるのと同時に手首関節も外曲に決めている。

　指を内曲する技法は非常に稀であるが、この技法がやはり『北斎漫画』に描かれており、「千里引」という名称がつけられている。

　なお、仙台藩伝浅山一伝流には、背後から襟首を掴んできた敵に対し、足の親指を取って内曲する「背取」の一手がある。

手首関節技の技法

外曲

内曲（鴨首固め）

内転

外転

手首関節技

　手首関節技には、屈曲技の外曲と内曲のほかに、内転と外転の捻転技法がある。
　外曲技法は前記の指関節技法と併用されることが多く、単独ではあまり使用しない。ただ、近代以降にできた合気系柔術には決めの技法としてよく用いられている。
　内曲技法は腕の逆固めによく用いられる。肘逆を取って敵を引き倒し、腕を伸ばしたまま地固めにして、手首を内曲するのが一般的であるが、近代の警察逮捕術には、並立の状態で手首を内曲に固めて連行する「鴨首固め」の技がある。また、変則的な技法の例としては、渋川一流に「絞り」の一手がある。この形は、敵の肘を直角に曲げたまま、俯せに倒していき、前腕を立てた状態で手首を内曲させて固めるというものである。
　手首の内転は、敵に手首や胸襟を掴まれたときに掛ける場合が多い。小指が上になった状態で固定したまま下方に押圧すると、激痛を与えることのできる小技である。これも合気系柔術に多く見られる。渋川一流の「左右捻付」の形は、敵に両手で胸襟を掴まれたとき、敵の両手首に同時に内転の逆を掛ける珍しい技法である。
　外転は内転の逆側に手首をねじった場合の技法で、合気系の「小手返」が代表的である。逆らえば脱臼する。

肘関節技

　狭義に逆手というと肘逆を指すほど、関節技の中でも重要かつ多用される技法である。肘関節技における肘の決め方は根本的には一つである。相違するのは、逆を取る方法と、逆を決めた後の腕の固め方である。
　逆を取る方法は二つに大別される。一つは片手で手首を掴み、もう一方の手で肘関節を押して逆を取る方法。もう一つは両手で手首を掴んで決める方法である。
　両手で敵の手首を掴んで逆を取る場合には、敵の腕のどこかにもう一つの支点をつくることが要求される。仙台藩伝浅山一伝流柔術の「逆一本背負投」の技法は、「表」の段階では敵の右腕の肘と手首を取って肩から投げるが、「裏」になると両手で手首を掴み、肘は肩に掛けて投げ出す高度な技法に発展する。
　右手で敵の右手首を掴み、左腕を上腕に巻いて肘逆を決める技法は、連行技法として各流に見られ、一般的に「七里引」と呼ばれる。同様の技法を楊心流系では「引立」、渋川一流では「浪人捕」という。相撲の「さかとったり」がこの技法を応用している。
　敵の腕を掴まずに、抱え込むだけで逆に取る技法は、相撲に「きめ出し」、あるいは「きめ倒し」の手があるが、同様の技法が渋川一流にあり、片腕の逆を決める場合を「片環抜」、両腕の逆を決める場合を「両環抜」という。いずれも敵に前帯を取られた際に掛ける技で、相撲の手に酷似している。
　また、両手で手首を掴んで固める技法は、柔道でも「腕挫逆十字」の技法があ

り、渋川一流柔術では珍しい「鶴之巣籠」の一手がある。肘と手首を掴み、肘逆を取って固める技法は多岐に及ぶが、敵を俯せにして、肩を地に固定し、手首を引き上げて固める方法が最も一般的に行われている。

肩関節技

　肩関節の可動範囲は、前方がおおむね180度、後方が90度である。
　前方開展系の代表的な技法に合気道でいうところの「四方投」がある。天神真楊流の「腕緘」や渋川一流の「掻込」も肩関節を決める技法である。可動範囲以上には腕が開かないので後方に倒れるわけである。合気道では四方投を安全に稽古するため、掛ける方向をずらして、技が決まらないうちに受が宙を舞って受身

肘関節技の技法

押さえ逆

上げ逆

を取っているが、本来の技法ではそういう受身は取れない。仰向けに倒して後頭部を強打するように技を掛けるのである。

また、変わったところでは渋川一流に独特の「前車」の形がある。敵を自分の前に捻り倒し、背を向けた状態で胡座に座らせ、敵の背後から右腕を前方開展に固める技法である。

後方開展系の技法は形の流れの中ではあまり用いられない。腕逆を取って俗にいう「閻魔」(脇固め)に固めるとき、肘と同時に肩も逆を取る。腕を屈曲して背

固めにする技法も、関節は肩に逆が掛かっている。有名な「羽交い締め」は肩関節の逆を取った立固めの代表的な技法である。

このほか、肩関節の技法系に含まれるものに「抜き」の技法がある。これは非常に単純な技法であるが、非常に高度なテクニックを要する技法でもある。抜きの技法は、敵の掌あるいは手首を両手で強く握り、足裏を敵の脇に当てて強く引っ張り込む技法で、肩関節の脱臼を引き起こす。この技法は一部の流儀で現在で

肩関節技の技法

前方開展系

後方開展系

第四章　柔術の技法

も伝承しており、柳生心眼流兵術でも奥の段に一連の技法を伝承している。

　仙台藩伝浅山一伝流では「大回し（肩外し）」（正称は「打込」）と称して、敵の打ち込む手首を取り、そのまま強く引き回して肩関節を脱臼させる秘技がある。（渋川一流の一連の技法については拙著『渋川流柔術』、浅山一伝流の一連の技法については拙著『武術浅山一伝流』〈共に愛隆堂〉を参照されたい）

首関節技

　首関節技は仕掛け（技の入り）が非常に難しいため、特殊な状況下での想定に限って用いられる。

　著者の学んだ大和道に「首車」の形がある。この形は、敵の頭と顎に両手を当て、ヒョイと捻る。敵は物の見事に横転する。著者の指導する日本柔術では、首車に倒したら顔を横向きにしたまま、顔に膝を乗せて固める。

天神真楊流柔術投捨「独鈷」
天神真楊流には首を返す技法が多くある

投げ技

　柔術の華ともいえる投げ技について概観してみたい。剣術では「辻斬り」と称する実戦の腕試しを、柔術では「辻投げ」といったほど投げ技は柔術における表象的な技法である。

投げ技の定義

　投げ技は古流柔術の解釈によれば、「敵を仰向けの状態に倒す技」を総称している。別の解釈として、投げる、すなわち「敵を一瞬宙に舞わせる技法」をいうこともあるが、近世からの普遍的な解釈では、必ずしもそういう状態になることを想定せず、敵を舞わせる必要性をあえて強調していない。

　もちろん、投げ技は柔術の専売特許ではない。相撲でも日本の相撲は土俵の関係から隔離技法（押し相撲や立合変化）が発達したが、アジア文化圏に一般的に行われているものは投げ技を専らとするものが少なくない。日本でも沖縄相撲などは最初から組んだ状態で行い、きれいに相手の背中が地に着くように投げなければ勝ちとはならないルールで、手や膝が着いても負けにならない。このルールは投げ技の定義を最もよく具現しているといえる。

投げ技の方法による分類

　著者の分類では柔術における投げ技を物理的に次の三種の方法に大別する。

①順投げ（関節の逆を取らずに投げる）
②逆投げ（関節の逆を取って投げる）
③捨身投げ（自ら倒れ込んで投げる）

　柔術では投げただけでは技は完備しない。投げた後に固めるか、当てるか、締めるかして、敵を傷つけずに戦闘不能の状態にしなければならない。当てたり締めたりして敵が落ちた場合には、捕縛して活を入れる。合気道に見るように、投げたら敵が受身を取って、またすぐに起きてくるような技は、柔術の見解からすれば技としては不完全である。敵が起きてくるのは技として成立していないことを示している。だから柔術では、例えば背負投で投げ落としたら、すかさず腕の逆を取って固めるか、連続して締めに移行するのである。ただ、天神真楊流などの楊心流系の柔術には「投捨」と称して固め（締め）技への移行を想定しない形があるが、これらは特殊な存在であり、別の観念を含有している。また、甲冑技法を伝える起倒流組討の形にも固め技は存在しない。

①順投げ

　順投げは関節の逆を取らずに投げる技である。講道館柔道の投げ技に体系化されている。順投げでなければ、安全な方法での競技（乱取り）はできない。本来の順投げは、双方が自然体に組んで一瞬の機会（敵の隙）を狙い、巧妙なる崩しを掛けて用いるところにその醍醐味がある。しかし、最近の柔道の試合を見ていると、目先の勝負にとらわれて、強引ともいえる力だけの技になってしまい、「柔」の観念などかけらも見られない。礼を失して正しい姿勢を無視した競技本位の現代柔道は完全なスポーツであり、決して武道ではあり得ない。

　相撲の投げ技は、そのほとんどが廻しを取って投げるものであるが、「小手投げ」や「網打ち」は腕を巻いて投げる。

第四章　柔術の技法

この小手投げは本来、逆を取る必要のない投げ技であるが、怪力を誇る魁皇関が見せるものは完全に肘逆が掛かっており、相手力士が負傷をすることもたびたびある。

なお、着衣を取って投げる技法は関節には関係なく基本的には順投げに属する。

②逆投げ

逆投げは関節の逆を取って投げる技である。「手首系」「肘系」「肩系」に大別され、これらの技法は明治中頃に武田惣角により大東流柔術として大成され、また明治末期には中澤蘇伯によって中澤流神伝護身術として教授された。投げのほとんどが手技で成り立っているため、強靭な足腰を鍛練する必要がなく、女性の間にも広く普及した。

ただ、肘逆を取っての背負い投げや巴投げは大東流や中澤流には存在しない。だからこれらの流れを汲む合気道や八光流柔術にも逆を取っての背負い投げや巴投げはない。また、逆手の有無に拘らず、大東流に背負い投げや巴投げが存在しないのは、大東流が講道館柔道に対抗して編成された経緯を暗示しているように思われる。大東流や中澤流の流れを汲む武術の投げは、体変換を用いての手技による「四方投げ」や「小手返し」が主体となっている。

古流柔術の背負い投げの多くは、敵の腕の外側から肩を入れ、肘逆を掛けて前に投げ出す方法を用いており、著者が継承する仙台藩伝浅山一伝流や芸州坂伝の渋川一流でも同様の方法を用いている。また、仙台藩伝浅山一伝流柔術の巴投げは、敵の両肘の逆を決めたまま、釣鐘（金的）を蹴り上げて宙高く放り投げる。

③捨身投げ

捨身投げは「真捨身」と「横捨身」に大別されるが、逆技を伴わない捨身投げは講道館柔道に体系化されている。捨身技の代表格である「巴投げ」は、日本柔術の場合、多くの流儀において、足は投げの支点をつくるためのものではなく、釣鐘の急所を蹴り込む観念が強い。足を支点として用いる巴投げももちろん存在し、「鹿の一足」などの名称がつけられている。

両肘を逆に極めて背負い投げに落とす形（渋川一流）

投げ技の施術部位による分類

技を仕掛ける者が敵の身体のどの部分に仕掛けるかによって分類したものである。技法系列ごとに代表的な形を取り上げて若干の管見を付す。

【足系】
刈り技（足で相手の足を払う技）
「撞木」（天神真楊流）
　敵の右打込を右手で受け止め、右足で敵の右足を刈って仰向けに投げ倒す。この形は「投捨」の段に編入されているため、締め技や固め技への移行はない。

「蹴落」（渋川一流履型）
　敵の中段突きを左手で掴み、右手を添えて右肩で体当たりしながら、右足で敵の右足を刈って倒す。前条「撞木」と技法が似ているが、この形では投げた後に右足で敵の脇腹に当てを入れる。

手繰技（手で相手の足を払う技）
「背負落」（諸流乱取り）
　片膝を着いての背負い投げであるが、袖や腕を掴まず、片手で胸襟を掴んだら、もう一方の手で敵の足をすくって前に投げ出す。日本柔術ではこの形を「衣被」と称している流儀が多い。

「手繰」（天神真楊流）
　敵が胸襟を掴みにくるのを、片膝を着いて右手で後襟を取り、左手で敵の左膝をすくって後方に投げ落とす。

「釣舟」（大和武道）
　故佐藤金兵衛氏が昭和30、40年代に称していた大和武道にこの形があり、著者は自らが創始した日本柔術（甲陽水月流）にこれを取り入れている。敵が背後から両手で抱き着いて締めにくるのを両腕を張って脱し、敵の背後に左足を踏み入れ、両手で敵の両足をすくって後方へ投げ捨てる。演武では加減して形を打つが、実戦では敵は脳天から落下する。なお、「釣舟」の形は「太公望」の形で逃れることができる。「釣舟」の類技に神道六合流の「後返」がある。

「掬足」（大和武道）
　敵が両手で我の両上腕を掴むのを、右手を敵の両手の間に上から差し込み、敵の右足をはね上げて、背後に投げ捨てる。豪快かつ優雅な技法である。

【腰系】
「朽木倒」（天神真楊流）
　敵が打込でくるのを瞬時に入身して、右手で胸を押し、左手を弱腰に当てて仰向けに倒す。類技に神道六合流の「脇山陰」がある。

「腰投」（渋川一流履型）
　敵の中段突きを左手で受けて掴み、右手で敵の前帯（釣鐘）を取り、右足を敵の右足後方に踏み込んで、敵の腰を浮かせて投げる。（履型は最初にならう形の集合体名称のこと）

【腕系】
逆背負
「片手取」（仙台藩伝浅山一伝流）
　日本柔術の「逆背負」（奥伝逆投八本目）は普通、柔道でいう一本背負の形で

第四章 柔術の技法

行われるが、柔術の場合には肘逆がかかっている点が相違する。この「片手取」の形や渋川一流の「負投」などは敵の外側から体を入れて肘逆を取る方法を用いているが、これが逆背負の普遍的な方法である。この場合、掛手の背中は敵の体側に付けているのが普通である。また、敵の背後へ進み、敵と背中合わせになって、前に投げ出す「裏背負」の技法も日本柔術ではよく見られるものである。さらに、敵の両手首を掴み、両腕を交差させて両肘を肩に掛けて逆を取り、背負に落とす技法もよくある。著者の伝承している浅山一伝流や柳生心眼流にこの技法がある。

「四方投」(中澤流)

敵に手首を掴まれたときに投げる方法と、自ら敵の手首を掴みにいって投げる方法とがある。敵の腕の下を外側から潜り、自分の前に仰向けに落とす。この技法に「四方投」の名称をつけたのは中澤流神伝護身術が嚆矢であろうと思われる。四方投に対して合気道や現在の大東流では、投げられた敵は宙を舞って羽打ちの受身を取っているが、本来、伝統的にはこのような受身は存在しない。この受身は技が決まっていないことを前提にして成り立っている。渋川一流ではこの技法を「潜投」と称している。もちろん投げた後は固め技に移行する。

「肘枷投」(大和道)

佐藤金兵衛氏が創始した大和道(前記の大和武道とは異なる)にこの技法がある。敵に両手首を掴まれたとき、右手で敵の右手首を掴み、左腕を敵の両肘下へ差し込み、その肘に逆を掛けて投げ飛ばす。敵が見事に吹っ飛び、掛けられた敵は受け身が取れずに後頭部を打ち、気絶する。

【手首系】

「小手返」

手首系の投げ技は「小手返」について述べる。小手返の技法も四方投と同様に、本来の日本柔術で行われているものと、合気道や大東流で行われているものとでは方法論が異なる。本来はこの技法が掛かると、敵は激痛のために背中から目の前に転げ落ちる。ところが合気道などでは技が完全に掛からないうちに敵は自ら宙を舞って羽打ちの受身を取っている。その後、敵が反撃に転じるのならわかるが、それはない。小手返も投げた後には固め技に移行しなければ技法として不完全である。合気道も柔道と同様に完全に畳の上の武道となってしまった。中澤流では古法に則って形が演じられている。

【着衣系】

前襟技
「片手投」(渋川一流)

敵の前襟を右手で掴み、敵に背を向けて片膝を着き、右片手で前に投げ落とす豪快な技法である。そのほか、柔術に普遍的な技法としては、天神真楊流などに見られる「衣被」の形も同様の理合によるものである。

後襟技
「帰投」(天神真楊流)

この形は双方が行き違い、我は敵の背後に回って右手で後襟を掴み、右足で敵

の左足草靡（ふくらはぎの急所）を蹴って、真下に引き落す。同様の技法は他流にも見られ、著者が学んだものでは荒木新流に「襟投げ」というほぼ同じ想定の形がある。

袖技
　袖を掴んでの投げ技は、乱取りには多く用いられるが、日本柔術では希少である。これは本来の柔術が、紋付袴で演じられたため、袖技は投げ技として有効ではなかったことによると推察できる。しかし、近代になって確立した大東流には袖技が多くあり、著者の指導する日本柔術にも各段に袖を取って投げる形を採用している。

帯技
　腰系で述べた渋川一流の「腰投」は、敵の前帯を取って釣り上げながら大外刈りに投げ落とす。また、神道六合流の「帯車」は右手で敵の前帯を取り、左手で前襟を取って巻き落としに投げる見事な形である。

　本来、柔術の技法は投げ技に限らず万余の技法を有し、流儀のオリジナルが多く存在している。そこがまた日本柔術の醍醐味であり、魅力でもある。代々伝承されてきた奇想天外な形を学ぶたび「有がたや」と思うのは著者だけではあるまい。

締め技と固め技

締め技の分類

　著者のこれまでの研究分析によれば、日本柔術の締め技の9割以上が喉締めとなっている。残りの約1割が胴締めや腕締め、脚締めである。プロレスリングのヘッドロック（頭締め）は柔術ではあまり見聞していない。

　喉締めは呼吸を絶止させ、仮死状態に陥れる技であり、これを掛けることを古来「落とす」といい、掛かることを「落ちる」という。プロレスリングのスリーパーホールド（裸締め）が同類の技法に相当する。この落ちた相手を活かすために、本来の柔術では奥伝として活法を教習する。このように、本来の柔術の在り方は「殺活自在」であるが、現在では人権問題もあり、真の殺活の稽古はほとんど行われていない。

　喉締め以外の締め技は物理的には呼吸には関係なく、単に敵の動作を束縛するためのものである。ただし、胴締めや腕締めの場合には長時間決められていると血行が不調になり、顔面が蒼白してくることがある。

　締めの際には、楊心流系では「松風」の急所を圧迫し、柳生心眼流兵術では「村雨」を攻めて締め上げるが、一般的に締め技においては、急所を攻めるという観念は希薄であり、首そのものを襟を掴んで締め上げ、呼吸および血液の流れを断つというのが普遍的な考え方である。

　こうした襟を掴んで喉を締める技法は、日本柔術特有のものであり、他国の闘技には見ることができない。

喉締め

　喉締めを方法分類すると、次の五種となる。それぞれについて具体例を挙げながら説明していく。

①後方より首に腕をまわして締める
②側方または後方より片胸襟を掴んで締める
③前方より腕を交差して両胸襟を掴んで締める
④仰臥（仰向け）した相手の喉を手を箸にして押さえ、締める
⑤道具を用いて締める

　①は、裸締めであり、受の攻め手としての存在がほとんどで、日本柔術では捕の決め手として用いることは稀である。ただし、天神真楊流のように「裸体捕」の技法を伝える流儀では決め手にこの技法を用いることが多い。

　②は、楊心流に成立期から見られる古典技法で、居捕の「真（心）之位」、「無刀別」、「袖車」、「膳越」、「車剣」、「抜身之目附」など皆この技法に取って締める。柔術形の場合には、多く腕関節の逆技を併用している。戦前までの柔道でよく使用された「片羽絞」や「地獄絞」も同類の技法である。

　ここに一つの提起をしておこう。それは著者が今回初めて世に発表する新見解である。実は柔術史の中で極めて当たり前と思われていた襟による喉締めの技法についてである。これは楊心流から天神真楊流へと流れた柔術の乱取りの形態が、さらに明治期に講道館柔道へと受け継がれたため、現代人の我々の目から見

れば、どの流儀にもごく当たり前に存在していたイメージが強い。しかし、思うに襟締めの技法を古来より形として残しているのは楊心流系のみではないだろうか。

このことについては今までだれ一人として指摘した人はいない。日本柔術の雄、竹内流にも関口流にも、制剛流、柳生心眼流、渋川流、起倒流、浅山一伝流にも襟締めは存在しない。すなわち、襟締めは日本柔術でもかなり特殊な存在であったことがわかる。もちろん、西日本に伝播した不遷流、神道北窓流、無相流などが講道館柔道とは別の存在として寝技を中心とした乱取り技法としての締め技にすぐれていたことはわかっている。しかし、近世初期より連綿として襟締めを形として保有している流儀は楊心流を置いてほかには存在しないのである。

下って近代に目を向けてみると、明治30年頃に武田惣角が創始した大東流柔術にも基本的には襟締めはない。これには二つの理由が考えられる。一つは講道館柔道にまったく重複しない体系を誇示するため。もう一つは指導がほとんどの場合、短期間教授だったので、締め技を教えると落ちた場合に活法のできる人間がいなくて危険なためである。面倒な人権問題を起こさないためには締め技を排除するのがいちばん手っ取り早い方法である。

③は、柔術における受の掛け手として、立合の際「紅葉締」として多用されるほか、柔道の乱取りでは締め技（並十字締、逆十字締）として仰臥した相手に用いられている（コラム「紅葉のこと」154ページも参照）。

④は、渋川一流でよく用いる。形としては「裏投」や「搔込」に見られる。余談であるが、著者が伝承している台湾拳法の金鷹拳における七蝶尾の拳套には、鷹爪手をもって相手の喉（食道と気管）を掴み、それをへし折る危険この上ない技法がある。

⑤は、鉄扇術（一般には短棒術として普及している）に見られる。相手の首の前に鉄扇や短棒をあてがい、背後より両手で締める方法が多い。締める方法には「一文字締め」と「十文字（綾）締め」がある。また、鎖鎌や鉄鎖、懐中棒などの鎖武器では相手の首に鎖を巻き付けて倒し、そのまま締める技法が多く見られる。

胴締め

受の取口としては、捕の背後から両腕をまわして胴を締め付ける想定が、多くの流儀に存在するが、胴締めを捕の技法として伝えているものは非常に少ない。形としては四心多久間流に「後ろ胴絞め」がある。これは居捕で、双方が向かい合っている状態から捕が受に霞を掛けて、受の背後にまわり、両手で喉を締めると同時に両足を脇から差し込んで胴を締めるというものである。また柔道の乱取りでは、相手が馬乗りになって襟締めにくるのを、下から両足で胴を挟んで締め、逃れる技法がある。

なお、短棒術や半棒術でも、棒を胴に当てて両手で締め付ける捕の技法がある。

地獄絞のこと

　柔道の形で古く行われていたものは、次のとおりである。

　受が捕の前に四つん這いになっている。捕は受の右側から両足で受の右腕を深く挟み、体を前屈して背部から受の左腕を両手で取って抱え込む。そのまま受の体を起こし、捕は体を反って仰向けに倒れると、受は捕の腹上に仰向けに乗ってくる。捕は右手を離して受の右肩からその左横襟を掴んで引き締める。

　著者の道場で指導している日本柔術では「地獄詰」として奥伝逆取七本目に編成している。この形は次のように取る。
　受が右拳で捕の水月（みぞおち）を突くのを、捕は体を捌いてその手首を右手で制し、左手で受の右腕上より左襟を掴み（左肩から右襟を掴む場合もあり）、同時に左足で受の右膝裏を蹴って引き倒す。次に左足で受の左腕を挟み、受の背後から締め上げる。
　逆と締めが同時に掛かるため地獄詰という恐ろしい名称がつけられているが、この技は引き倒される時点においては、受が「極楽投」で逃れることができる。

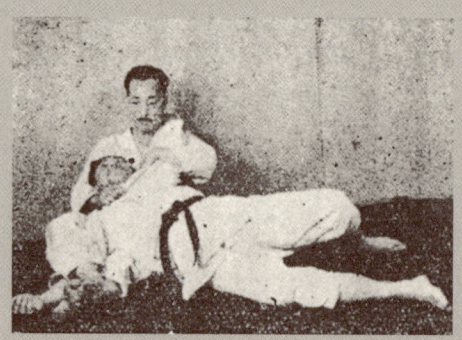

柔道の地獄絞

腕締めと脚締め

　腕締めと脚締めは固め技を兼ねる場合がほとんどである。例えば、日本柔術に多くみられる「七里引」（引立）は、相手の右横に並立して、その右腕を左手で上から巻いて締める連行技法であるが、この技法は肘関節の逆を取っているうえ、相手の動作を束縛している固め技でもある。また、天神真楊流の「腕緘」は固め技としての観念が強いが、肩関節を強く決めて締めれば締め技としても極めて有効である。渋川一流でも「掻込」は、相手を固める際に右手で喉を押さえ、左手は相手の右手首を摑んで、その腕を締め付ける複合技法となっている。同流にある「切込」の形の決めは完全な腕締めであり、原理はプロレスの「キーロック」と同じである。

　脚締めはプロレスに「トーホールド」という技がある。柔術では同様の技法に「後捕」がある。これは受が背後から両腕で抱え込みに締めるのを、捕はこれを脱して前屈し、自分の両足の間から受の右足を両手摑んで引き倒し、受の方に身を捩ってその足を締めるというものである。柔道の乱取りでも、古くは相手の足を鋏に締める「足挫」があり、不遷流ではこれに似た技をよく使った。また、天神真楊流では、俯せに倒した相手の両足を十文字に組んで屈し、締めて固める「杉倒」の形がある。

固め技

　固め技は物理的に相手を動けなくする技法であり、循環器機能を阻止するような生理学的効果を目的としていない。柔道の固め技はほとんどが寝技で行われるため、相手を固めて動けなくすることはできるが、自分も同時に動けなくなってしまう。すなわち、自らの体を密着させることによって相手の動きを封じる方法を用いているので、武術的な観点でみれば優れた方法とはいえない。

　また、仙台藩に伝承した浅山一伝流や柳生心眼流などは、初伝の段階で徹底的に身ごなしを学ぶため、初伝の形には固め技が含まれていない。

　日本柔術の固め技を捕の体位で区分すれば、つぎの三つになる。

①捕が立った状態で固める（立位）
②捕が片膝を着いて固める（座位）
③捕が寝た状態で固める（倒位）

　これらは男女が夜の生活で繰り広げる体位と分類上は同一であり、その世界では古来「色道四十八手」といわれて、それぞれの体位に風流な名称がつけられている。

　①では双方が立っている場合と、捕のみが立っている場合とがある。

　双方が立っている場合の例としては、前述の「七里引」（著者の指導する日本柔術の初伝逆取三本目）がある。ちなみに七里引は「一里塚」の技で逃れることができる。渋川一流ではこの連行技法を「浪人捕」あるいは「誘捕」といっている。

　そのほかの例としては、相手の両手を

第四章 柔術の技法

相手の後頭部に交差して固める「枕捕」(「呼吸」の変化形)、相手を不安定に立たせその左腕を背に固める「乳母車」などがある(「枕捕」と「乳母車」はそれぞれ、著者の指導する日本柔術の奥伝逆取二本目、中伝逆取一本目)。

プロレスでもアントニオ猪木が一世を風靡した「コブラツイスト」や「卍固め」は双方が立った状態になっている。柔術に双方が立った状態での固め技が存在するのは、捕らえた敵を連行する必要があるからである。プロレスの固め技は自分も動けなくなってしまうので相手を連行することができない。日本柔術の流儀としては大東流が立ち固めに優れているが、技法の成立が明治時代であるのでここでは省略する。

なお、受の取り方として行われているところの背後より両手で捕の両腕共に抱え込む「大搦」(柳生心眼流での名称)や万歳状態に固める「羽交い締め」も立ち固めの一種である。

捕のみが立っている場合の例としては、渋川一流に「前車」や「捻捕」、「裏捕」、「両門」などがあり、神道六合流には有名な「閻魔」がある。いずれの場合も敵は跪くか、尻餅をつくので連行はできない。しかし、敵を捕縛するのには便利な体位であり、また捕は固めたまま平然と構えることができるが、これは柔術の美意識の一つの重要な表現でもある。

②については枚挙にいとまがないから、そのいちいちを挙げる必要もないであろう。先に挙げた楊心流の創成期からある居捕の数々は皆、片膝を着いた折敷の体勢で締め、そして固める。この折敷には重要な口伝があり、この構えを取る

ことを「位取り」というが、これは流儀の基本であり、また極意でもある。相手の片腕の肘逆を取って固めるには最も安定した方法である。

ここで肘逆を取って固める方法(相手が伏臥の場合)を二つに大別すると、

A 肩を床に固定し、腕を引き上げる
B 腕を床に付ける
となる。
Aはさらに、
　a 片手で肩を、もう一方の手で手首を取る
　b 片手で肘を、もう一方の手で手首を取り、膝で肩を押さえる
　c 閻魔(脇固め)にする
　d 両足で挟む
Bはさらに、
　e 肘と手首を両手、膝を肩
　f 肩と手首を両手、肘を膝
　g 両手で小手を固める
に分類される。

これらには変則技が多くあり、例えばAの変則技として、渋川一流に「鶴之巣籠」がある。この固め技は相手の手首を両手で掴み、相手に背を向けて腕に跨がり、尻で肩を押さえて相手の腕を引き上げるのである。渋川一流には様々な腕固めの方法がある(「枕止」「虎押」「膝捕」など)。

gは小手を内曲に固めるのであるが、竹内流ではこの技を「手斧留」と称している。

捕縄術
<ruby>捕縄術<rt>ほじょうじゅつ</rt></ruby>

相手の両腕を背固めにして、捕縄を使って動けなくする方法が捕縄術である。すなわち、捕縄術は固め技の延長上にある。固め技は長時間掛けていることができないため、その代用として捕縛の法が発達した。

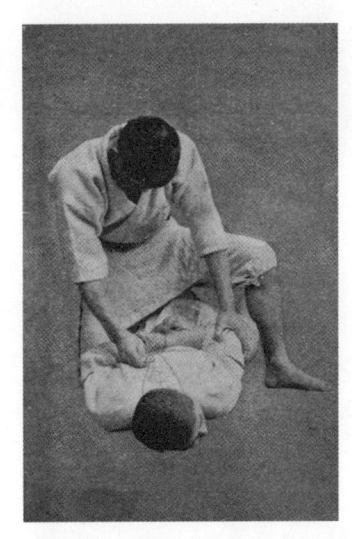

神道六合流の捕縄術

捕縄の雛形（天下無雙流）

第四章 柔術の技法

閑話休題
関口流と小栗流の固め技

　流儀として古くから固め技を体系づけていたのが関口流と小栗流である。両流儀の固め技はいずれも『日本武道全集』に図解伝書が掲載され、広く好事家の知るところとなった。

　小栗流は両手両足を巧みに相手の手足に搦め、時に髷を、時に褌を掴んで裸体の相手を固める方法を多数案出している。

　関口流は、小栗流に似た固めの形を有する一方、複数の者が一人の者を固める方法を案出している。

　固めの形そのものは静止状態であり、その形に持ち込むための逆取りや投げ、引き倒しの技と連結している必要がある。すなわち、固めは一連の技の最終状態である。

関口流の固め技（左上下）と小栗流の固め技（右上下）

006

当身技

　柔術において必要不可欠な技法要素であり、また極意の一つともされている当身技について概観する。古典落語や講談などでよく「当身を食らわす」と表現されるそれである。

当身技の定義

　当身技は、日本柔術の技法を構成する要素の一つであり、またこれを単独で用いることもある。当身技は、人体の表面に点在する急所への激突衝撃によって、中枢神経を麻痺させ、仮死状態に陥れたり、一時的に運動神経を麻痺させる技法をいう。

拳法・空手との違い

　柔術の当身は、拳法や空手の突き蹴りとは根本的に相違する。拳法や空手の突き蹴りは、それ自体を倒敵の目的としているのに対し、柔術の当身はあくまでも本体の投げ技や関節技を補助するためのものである。だから、拳法や空手のような突き蹴りを「本当て」と称し、柔術の当身を「仮当て」とする分類方法も近年になってつくられた。

当身技の掛ける時機による分類

　当身技は、柔術形の一連の動作の中で必要に応じて用いるが、これを掛ける時機によって分類すると次のようになる（著者分類）。

① 先掛け
② 中掛け
③ 後掛け
④ 単独掛け

　①の「先掛け」は、逆手（関節）技や投げ技に移行するために相手を崩す補助技法として出合い頭に用いる。

　②の「中掛け」は、いったん逆手に取った後、さらに押さえ込みや投げ技を連続して掛ける際に用いる。

　③の「後掛け」は相手を押さえ込み、あるいは投げ落とした後、反撃を阻止するための止めとして用いる。

　④の「単独掛け」は、当身技のみをもって相手を気絶させるために用いる。

　「先掛け」「中掛け」「後掛け」は柔術

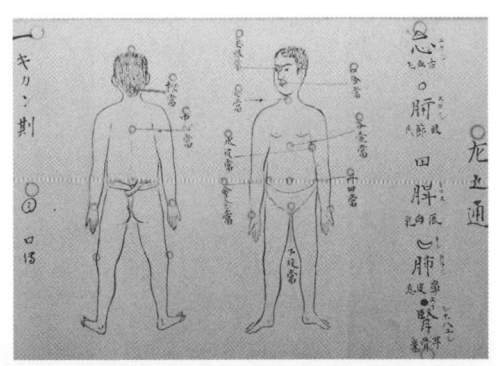

真極流柔術の人体当身急所図

形を構成する一要素として形の中に組まれているため、初心者でも学ぶことができるが、「単独掛け」は流儀の奥伝あるいは秘伝として活法とともに免許者にだけ伝えられる極意伝である。なお、後述するが、遠当（薬物散布）も単独掛けに含まれる。

当身技に用いる身体の部位

柔術における当身技は原則的には拳足で行うが、もちろん道具を使用する場合もある。例えば、棒杖などは急所の打突に決め技を求めているし、刀の柄などは武士が接近した敵に当身を入れるには最良の道具となっている。また、当身専用の握り物小道具もいろいろある。ここでは特に、徒手に限定して述べることにする。当身に用いる身体の部位は次の各部である。

①頭
　我と敵が極端に接近したときに用いるが、形の中で用いられることは稀である。後方から抱き着く敵に対して後頭部を敵の顔面に打ち付ける方法が代表的である。

②拳
　拳による当身が最も一般的であるが、流儀によって拳形が異なることがある。また、柔術の拳は親指を内にして握るのが原則である。普通、拳は力を込めて握れと伝えられるが、隔離拳法技法を伝える柳生心眼流兵術では拳を振り回して戦うため、「拳は卵を握るように柔らかくする」と教えられる。柔術では一般的に拳で突くときは指の第二関節を使用する。

③指先
　親指・人差し指・中指がほとんどである。特種ではあるが、じゃん拳のチョキで両眼を突く技法を形に組み込んでいる流儀も多い。仙台藩伝浅山一伝流では人差し指と小指で相手の両眼を突く方法を用いている。また、押さえ込みの際には親指をもって相手の独鈷（耳裏の急所）を決めることが柔術にはよくある。

④掌
　掌は掌底・背掌・手刀の各部を用いて敵を打つ。

⑤肘
　肘は主に水月（みぞおち）・月影（左ひばら）・稲妻などの急所を入身して突くのに用いる。柴真揚流では投げ倒した後に肘当てで止めを入れる形が多い。

⑥膝
　膝は表面積が大きくて急所を狙う柔術には適していない。また、力の加減も難しく、固めの際などに副次的に用いる程度である。

⑦足甲
　専ら釣鐘（金的）を蹴り上げるのに用いる。足甲で顔を蹴るなど柔術では言語道断である。

⑧踵
　敵の足の甲を踏み付けたり、投げた敵の脇腹を蹴ったりするのに用いる。

⑨蹠頭
　足の裏の爪先寄りのこと。水月（みぞ

当身技

おち）から下の急所を蹴る際に多く用いる。

当身の方法と効果

　当身の効果は、力が急所に直角に働く時、最大になる。実際の当て方について、楊心流（ようしん）の流れを汲み、明治後期に開流した神道六合流柔術（しんとうろくごう）「拳法三秘術」では次のように解説している。

　一、打突は握りに十分力を込め、蹴りは足指に十分力を込むべきこと。握り、足指に力を込めざるときは動作速かならず当り鈍狂し、また、堅き所を打突するときは却て我手を痛むることあるべし。

　二、引き手を敏速にすべきこと。打突したるとき、その引き手速かならざれば、当身の功少なく、次の技出でざる故、敵の先を制する能はず。

　三、打突蹴足は極めて早く極めて強く、躊躇すべからざること。

　当身が人体に及ぼす効果として浸透作用と拡張作用がある。
　浸透作用は直線運動に旋回運動が加わったとき、つまり拳を捻（ひね）って突き込むと、威力は倍増する。拡張作用は標的が柔ら

当身技の技法

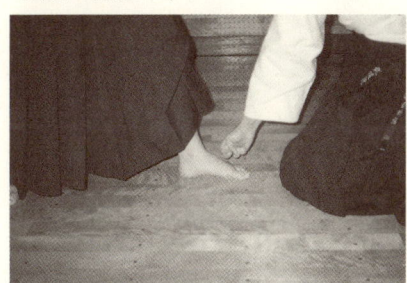

拳で足の甲を突く

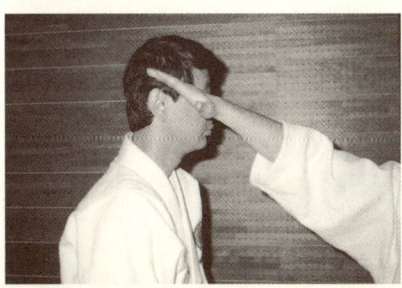

足で草鞋（くさび）（ふくらはぎの急所）を蹴る

手刀（かたな）で霞を打つ

肘（ひじ）で水月（すいげつ）（みぞおち）を突く

かく、水分が多いもの（波紋の原理）、例えば脳髄を容す頭蓋骨や骨髄を蔵す長管状骨、あるいは肺を囲む胸郭や尿を充満する膀胱、さらに食後満腹になっている胃などには大きく働く。

相手に最も効果的に当身を入れる機会は四つある。

①相手の筋肉に緊張がないとき
②相手の動作や言葉が終わったとき
③息を吐き出し終わる瞬間
④相手に精神的緊張がなくなったとき

人間の内蔵や骨は筋肉に保護されているため、筋肉トレーニングによって鍛えあげた体はかなりの衝撃に耐えられるようになる。

さらに神道六合流では当身の効果として、「即死」と「即倒」の二つを挙げ、それぞれに該当する急所を示している。（詳細は拙著『秘伝当身術』愛隆堂を参照されたい）

即死
烏兎（うと）／両毛（りょうもう）／霞（かすみ）／人中（じんちゅう）／下昆（かこん）／松風（まつかぜ）
肢中（しちゅう）／村雨（むらさめ）／水月（すいげつ）／月影（つきかげ）／稲妻（いなずま）／明星（みょうじょう）
陰嚢（いんのう）／天倒（てんとう）／電光（でんこう）／尾底（びてい）

即倒
胸尖（きょうせん）／前尺沢（まえせきたく）／潜竜（せんりょう）／夜光（やこう）／内黒節（うちくるぶし）
甲利（こうり）／独古（とっこ）／早打（はやうち）／腕馴（やならし）／後尺沢（あとせきたく）
後稲妻（あといなずま）／草麋（そうひ）

当身の感覚認識法

柔術の形の中における当身は、実戦と同じ威力で行うことはできない。天神真楊流（てんじんしんようりゅう）でも達者は実際に当てて形を打つが、これとて力の加減は免れない。投げ・逆手・締め・固めは実際に形で感覚を養成できるが、当身技だけはそうはいかない。しかし、実際に当身を入れたときの感覚を身につけていないと、当てたときに自分の体勢が崩れることもあり、また、十分な威力を発揮するためにも実際に当てる稽古が必要になってくる。このことは近世より課題とされていたもので、各流儀がいろいろな工夫を試みている。

天神真楊流に「四分板」説があり、これは厚さ四分（約12mm）の板を床の上に置いて、拳で打って割るというものであるが、これが実伝した例を寡聞にして知らない。しかし、不遷流（ふせんりゅう）元祖の武田物外（たけだもつがい）のように、碁盤や柱に拳跡を残すような豪傑も実際には存在する。

幕末には畳を立て掛けて、拳足（けんそく）を打ち当てる稽古をしていたようである。最近では各種ミット類や防具が販売されており、当身の稽古には大変役立っている。大正時代には神道六合流が当身稽古用の独習器を開発しており、その製作法と稽古法が『柔術修行秘法』に解説されている。

楊心流（ようしん）柔術の古来の方法では、かわらけ（素焼きの陶器）を布団で巻いて、これを打突し、蹴る稽古をする。布団が転倒せずに、中のかわらけが砕けるようになれば、人を当てたときも、その痕跡を残さずに倒せるようになるという。

閑話休題

急所と経絡
きゅうしょ　けいらく

当身技

柔術の当身技は、経絡上に現れる急所を攻撃することによって、敵の攻撃力を一時的に喪失させることを主眼としている。ここで経絡について簡単に説明しておこう。

経絡とは、中国医学の基本を構成する概念の一つで、経脈と絡脈の総称。直行するタテの脈が経脈、経脈から分かれて身体を網状にめぐっているヨコの脈が絡脈である（ただし想像上の脈管系で実在は証明されていない）。

経脈は12本、絡脈は15本ある。六臓六腑を初め、体のあらゆる部分を経絡は受けもっている。すなわち、経絡は12の臓腑を養うパイプラインとしての役目を持ち、この経絡のパイプの中を「気血」というエネルギーが流れ、この気血によって臓腑は活かされると考えられている。当身で狙う急所は、この経絡上に点在し、その急所を攻撃することによって気血を断ち切り、関連臓腑が冒されるというのが、柔術の経絡観念である。

急所は、東洋医学では普通「経穴」といい、一般には「ツボ」と呼ばれている。柔術では特に「殺点」と呼ぶこともある。その数は365あるといい、あるいは361ともあり、江戸時代の図入り百科事典『倭漢三才図会』では360としている。これらの中から打突して特に効果の大きい経穴を抽出して、柔術流儀としての急所名を付し、これを秘伝として技術の中に織り込んで伝えたものである。

腕の経絡（『倭漢三才図絵』十一巻「経絡」）

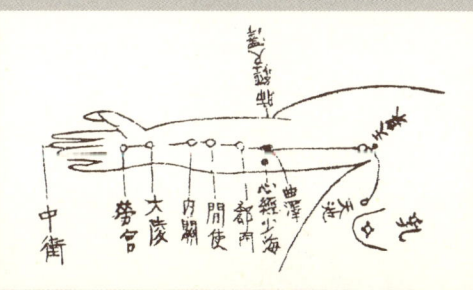

007

また、讃岐の無相流ではウミガメの甲羅に拳足を打ち当てる稽古を行っており、実際に、当時稽古に使用していた甲羅が師範家に保存されている。

遠当

拳足の届かぬ範囲の敵や多数の敵を相手に戦う場合には、遠当を行うことがある。これは柔術の最終秘伝として伝えられるものである。いくつかの例を挙げてみよう。

不遷流柔術では遠当を「遠当玉子之伝」と称している。内容は次のとおりである。

- 硼砂　一両　焼酎で煮て、干して
　　　　　　　粉にする
- 陳皮　二両　酢で煮て、右同断
- 生姜　半斤　焼酎で煮て、右同断
- 烏梅　四両　焼酎で煮て、種とともに
　　　　　　　粉にする
- 酢　　半斤　酢の諸味を干して
　　　　　　　粉にする
- 胡椒　三両　粉末にしてそのまま
　　　　　　　用いる

これらを調合して、鶏卵の中身を取り除き、その中に入れて、これを敵の眼に打ち付ける。ほぼ同様のものが仙台藩伝の西法院武安流にも伝えられており、「八方鈴」と称している。

柴真揚流には「千人遠当の術」がある。これも目潰し法で、松脂と水銀を用いる。松脂を日陰で乾かして粉にし、水銀を入れてよく練り合わせると、松脂の微粒子が水銀でアマルガムされ、湿気を吸わずに固まらない。これを和紙に包んで敵の眼に投げ付ける。柴真揚流ではこれを目録修了者に伝えるが、免許者には極秘伝として、「サリン」と同質の遠当法が伝えられた。

なお、簡単な方法としては、変色した腐敗卵をそのまま投げ付けてもよいし、卵の中身を取り除いて、中に灰と胡椒の粉を混ぜて詰め、これを敵の眼に投げ付けるという方法もある。しかし、これらに詰めるものには吸水性のものが多く、作り立てでなければ湿って固まってしまう。

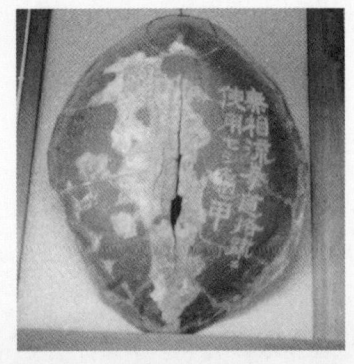

無相流の当身稽古で使用した亀甲

第四章　柔術の技法

中国拳法の当身理論

　中国拳法は技法そのものが突き蹴りより構成されており、理論といえば、当身理論を指すわけであるが、これについての特別な理論や技法が体系づけられている門派は意外に少ない。そんな中でも比較的理論整然としているものを紹介する。

　台湾警察学校の武術教官を務めた韓慶堂は、その著『警察応用技能』の中で、「穴道部位之概況」として点打法（柔術の当身に相当）を解説している。彼によれば、「穴」は人体通経の命源、すなわち致命の穴であるといい、二種類に分けている。一つは「死穴（即死穴）」、もう一つは「昏迷穴」という。昏迷穴は「八打」、即死穴は「八不打」（一撃で死に至る）に分類されるが、これは神道六合流のいう即死、即倒の考えと同じであり、興味深い。

　通背拳には「通背拳術二十四手練習法」があり、この拳法を修行した日本人武田熈によって著された『通背拳法』に、その形の解説と使用法および呼吸法が詳述されている。通背拳には、拳打の練習に用いる「狗皮袋」（ミット）や「木椿」（空手で使う巻き藁に類似）といった道具があるが、これらは拳法史や空手史の研究においても貴重な存在である。

　また、中国には日本柔術の逆手術に相当する武術「擒拿」がある。著者は擒拿を日本柔術の亜流だと思っているが、そのことについてはここでは触れない。この擒拿は中国では多く「七十二把擒拿」と称されている。擒拿は一日十二時（子丑辰……）における血液流行によって点穴位（急所の位置）を定める考え方をもっている。すなわち、一日のどの時間にはどの急所に当てるのが最も有効であるかを血液流行で説くのである。

当身技の伝授方式

　日本柔術の当身教伝は、一般の柔術形の教伝とは別に、時と場所を改めて神前で行われる。ここでは楊心流の阿部貞右衛門が記した『中段死活伝授祭壇錺』の例を紹介する。

　　右死活伝授ノ前七日潔斎沐浴シテ式服ヲ着シ祭壇ヲ拝シ白幕ノ前ニ新菰ヲ敷キ其上ニテ現ノ死活ヲ伝授スルコト古来ヨリ先師代々之定式也其ノ後チ日喜渡ニ打鮑勝栗昆布出之神酒頂戴有ルベシ

　このように当身の伝授は極めて厳かに行われた。秘伝を隠す理由は、その内容が他流に知られると、技の裏を取られて勝つことができなくなるからとよくいわれるが、それはあくまでも名目上のことである。武術も料理も秘伝の存在意義は同じであり、これが一般に広く知られてしまっては商売が成り立たないからである。

活法と整復術

第四章　柔術の技法

　柔術の技法の最後として、活法および整復術を紹介する。技法とはいっても活法や整復術は、制敵技術としての武術形ではない。それは攻撃を受けて、身体になんらかの異状・変質を生じた者に対して施す回復技術である。ただし、現在においてはこれらの技法を応急処置として行うこと以外、医師免許を持たない者が医療行為として行うことはできないので、注意しなければならない。

活法の位置付け

　活法は当身術と表裏一体をなす技術である。活法は多くの場合、当身伝授のときに、神前において厳かに伝授される。これは流儀の奥伝に位置するもので、容易に伝授されるものではない。活法を武術の一科として正式に伝授するのは古今東西世界広しといえども、日本柔術以外には存在しない。

整復術の位置付け

　柔術における整復術の位置付けは「免許皆伝者の心得」として把握するのが最も適当である。多くの流儀では、この術を正式な流儀の履修課程には置いていない。すなわち、それは教外別伝としての存在である。もちろん楊心流系の諸派のように、その技法の目録や図を伝書に記したものもある。しかし、これらはあくまでも後世の付加伝であり、本来はこれらの技法が流儀の体系に入り込むことはない。

　いわば、これら技法は免許皆伝後の「付加伝」であり、この技法を有することが一種、柔術の先生のステータスシンボルでもあった。それは町医者としての存在でもあり、昔はよく、子供が脱臼をすると「やわらの先生に入れてもらえ」といわれて、親が連れて行ったものである。

活法の定義と分類および方法

　活法とは、急所に当身を食らって気絶している者、締め技で落とされた者、高所より墜落して気絶している者、水中で溺れて呼吸が止まっている者などの仮死者を蘇生させる方法である。

　ここでは特に、日本に西洋医学的知識や方法論が輸入される以前の純粋な日本柔術における活法についての分類とその具体的方法を示す（水活・縊活・人工呼吸は除外）。

① 脊活　誘動法（肋骨呼吸運動を促し蘇生）
② 襟活　発心法（大小腸・脾臓・横隔膜を刺激する作用で蘇生）
③ 肺活　呼吸法（肺および胃の伸縮が脊髄大動脈に通じて呼吸を促し蘇生）
④ 総活　気海法（横隔膜より肺肝に通じて呼吸を促し蘇生）
⑤ 睾活　脱丸法（脱丸により蘇生）

　流儀により多少の相違は認められるものの、上記の五活に集約できる。なお、いずれの活法を行うときも、まず最初にしなければならないことがある。それはまず、仮死者を仰向けに寝かせてその上に対面して跨がり、両手で仮死者の両肩より胸、腹へと静かに数回、物を集めるように撫で下ろす予備整体である。これは「誘いを入れる」といわれ、活法の第一要件であり、絶対に忘れてはならない。五活はその後に次の方法で行う。

なお、活法の多くは施術者が片膝(かたひざ)を着いた坐位の姿勢をとる。これは楊心流柔術が形で多用する最重要の構えであるところの「真之位(しんのくらい)」であり、武術と医法が表裏一体をなす日本独特の方法である。また、仮死者も両足を前に延ばした坐位姿勢を取らせることが多いが、これも日本柔術独特の方法である。

①脊活
　楊心流では古来「誘の活法」という。脊活は仮死者の上体を起こして、その背後より左膝を着き、右膝を脊柱(せきちゅう)第五・六（六・七とする流儀もあり）の箇所に当て、両手を仮死者の肩から両脇下へ差し込み、両手の指先に力を入れて、その体を引き上げるように後方に二、三回引く。
　なお、気絶直後に脊活を施す際には、膝は当てず、掌で脊柱六節を軽く打てば蘇生する。厄介であるが、強く打つ流儀もあり一様ではない。

②襟活
　襟活は仮死者の右側から右膝を着いて、その首と肩を左腕で抱いて上体を起こし、右手を鷹爪手にして親指と人差指を1寸5分開き、臍下をその指先で上に押し上げ、同時に左手で仮死者の上体を前に押す。これを二、三回行う。

③肺活
　別称「裏活(うらかつ)」。脊活および襟活で効なき場合に用いる。仮死者を俯(うつぶ)せに寝かせて、その上に跨がり、片膝を着いて両掌で仮死者の脊柱第九・十節の左右を下から上に突き込むように押す。これを三、四回行う。

④総活
　伝書では「惣活」と書くことが多い。仮死者を仰向けにし、肺活と同様の方法を行う。すなわち、仮死者の腰に跨がり、両掌で腹部を押し上げる。これを三、四回行う。仙台藩伝浅山一伝流(あさやまいちでん)では「水分(すいぶん)」という。

⑤睾活(こうかつ)
　睾活は陰嚢を蹴られて睾丸が腹内に入り、気絶した者に用いる。
　仮死者の両足を伸ばし、上体を起こして支え、足裏で尾骨を数回蹴る。次に仮死者の両脇に両手を差し込み、その体を持ち上げてさらに数回蹴る。これを二、三回行えば睾丸は飛び出す。のち適当な活法で蘇生させる。
　浅山一伝流でも「腰監骨(ようかんこつ)」と称して同じ方法を用いるが、相違するのは浅山一伝流の場合、肩の急所を決めながら蹴ることである。なお、同流では「勇泉(ゆうせん)」といって、足の裏の急所を強圧する活法を用いるが、これも睾活にはよく奏功する。この活は他流にも見られ、場合によっては握拳(にぎりこぶし)でトントンと腰に響くように打ち込む。これにより睾丸挙筋が攣縮して鼠蹊管(けいかん)のほうへ引き込まれている睾丸が、筋肉の弛緩(しかん)によって下降してくる。

活入の注意点

これらの五活を行う場合、特に注意しなければならないのは以下の諸点である。

①仮死者の首がぐらついているときは、ちょっとした弾みで首が前折れ（頸椎骨脱臼・骨折）してしまうので、必ず寝かせて行うことが肝要である。
②筋肉が最初から弛緩しているときは、施術が極めて困難であり、むやみに活を入れると内臓を損傷することがある。
③活を入れる妙は、押した手を放すときの弾みにある。
④後頭部を打っている場合は、頭蓋内出血を起こしている危険があるので細心の注意が必要であり、活法は避けて医師の手に任せるべきである。この際、仮死者の顔が赤い場合には頭を高くして寝かせ、蒼白しているときには、頭を平らにして安静にする。
⑤一度蘇生しても、反応が鈍感で生気が感じられないときには、再度「深落ち」することがあるので、施術後も監視を続ける必要がある。また、施術後しばらくは立たせてはならない。

浅山一伝流活法

明治時代、東京の神田錦町で浅山一伝流の柔術・棒・半棒・小太刀・木剣・鎖鎌などを教授していた指田吉晴が伝えていたものであり、「襟活」と「総活」を同時に行う活法である。

まず、仮死者を仰向けに寝かせ、その右側に座し、左手を肩下に入れて少し抱え起こす。次に、右手を水月（みぞおち）の下に手刀で、右足の小指足刀を明星に当てて、両手右足同時に「ヤー」の掛け声で圧し当てる。これを四、五度行えば、呼吸を感じて蘇生する。

頭蓋内出血と脳震盪

仮死者が卒倒して頭を打っている場合は、むやみに活法を施してはならない。頭蓋内出血、あるいは脳震盪を起こしている場合があるので要注意である。

両者の判別は次のような点をみて行う。まず、発症は頭蓋内出血の場合、衝撃を受けてから20・30分〜2・3時間後にみられるが、脳震盪は衝撃を受けた瞬間に起こる。表情は頭蓋内出血の場合、意識を喪失して鼾をかき、顔面は赤く、脈拍はしっかりしている。しかし、脳震盪では顔面が蒼白し、皮膚は冷えきり、冷や汗をかく。時に引き付けを起こすが、20〜30分で覚醒する。

脳活

衝撃が軽い脳震盪の場合は特殊な光線感があり（目から火が出る）、耳鳴りや目眩が起こる。この場合には脳活という蘇生法がある。仮死者の背後に両膝を着いて座し、頭部を両手で支える。支え方は両親指を後頭部に当て、両中指をこめかみの所に当てる。この状態でしっかりと頭を支え、両親指で後頭部を数回揉み込む。そして、両親指・中指で頭の中心に向かって力を入れ、仮死者の体を引き上げるようにする。これを数回繰り返す。この脳活は、普段、頭痛がするときや気分が悪いときに行うと効果的である。

畜生活

　日本柔術には畜生活なるものがある。これは高所より落下するなどして失神している獣類に用いるものである。江戸時代の柔術家はよく狂犬に当身を食らわせて人命を救助する武勇伝を残しているが、愛するペットが失神したときには人間と同じように活法を施して蘇生させてやる。

　その方法は、仮死した獣を四つん這いにし、その首の所へ手を当て、下から頭骨の際まで強く二、三度押し上げ、平手で頭部または体部を打つ。結果、肺が呼吸運動を始め、蘇生する。

死相判別

　活法を施すにあたって並行してやらなければならないことは死相判別である。死相判別には次のような方法がある。

①仮死者を仰向けにし、心臓部に耳を当てて、その鼓動が聴こえれば蘇生する
②仮死者の眼球に自分が映れば蘇生する
③歯を堅く噛み締めている者は蘇生する
④手足の指が曲がっている者は蘇生する

　逆にいえば、これらの状態がいずれも確認されない場合は、蘇生する可能性は極めて低いのである。

整復術について

　整復術には骨折・打撲・脱臼・捻挫・筋肉疲労などのそれぞれに対処する治療法がある。現在では外科や整形外科の専門医があり、不便をしなくなったが、ここでは特に柔術の稽古で発生しやすい脱臼、とりわけ肩・肘・指の脱臼に対する簡易整復術を紹介する。

①肩脱臼

　患者を安坐させ、助手に患者の手首を両手で掴ませ、両足を患者の脇下に当てさせて、斜め下方に強く引かせる。その際、患者の掌は甲部を上向きにすることが肝要である。施術者はこれと同時に肩関節部を前後から抑えて揉むように整える。そして助手の引き手を静かに緩めれば整復する。整復の確認は患者に脱臼した腕を少し上げさせてみる。少しでも上がれば整復しているので、薬用の後、包帯を首から吊るして腕を釣り、安静を保つ。なお、助手がいない場合には、柔道の一本背負いの状態で患者を担ぎ、前述の要領と同様に対処する。

②肘脱臼

　肘脱臼は肩脱臼とほとんど同じ方法で行う。相違するのは施術者の肘に当てる両手が上下より抑えることである。また、筋が整わねば整復後に肘が変形するので、治療の際には五本の指を一本ずつ引き伸ばして整筋する必要がある。整復後は副木（そえ木）を上下に当てて、患部を動かないようにし、包帯を柔らかく巻き付ける。

第四章 柔術の技法

③指脱臼

片手で患者の手首を掴み、片手で脱臼した指を掴む。掴み方は人差し指と中指の間に脱臼した指を挟む方法が最良である。そして、手の甲を上にして、真っすぐ強く引っ張り、静かに緩めれば整復する。整復後は湿布薬を用い、副木の代わりに脱臼した指の隣の指を添えて一緒に綿を薄く巻く。指脱臼の整復は容易であり、患者が自分一人でもできる。

余滴

以上に述べてきた活法や整復術は、豊富な経験がなによりの技術習得への早道である。しかしながら現代社会では人権問題もあり、これらの技術を習得するのは極めて困難である。しかし、もし万人が活法の心得を有していたら、死亡には至らなかったであろうというような事例は世にいくつもある。

閑話休題

接骨師（せっこつし）

かつて民間療法として「ほねつぎ」の名で行われていた医療行為を職とする者を現在、正式には「柔道整復師」という。柔道整復師法には「厚生大臣の免許を受けて、柔道整復を業とするものをいう」と規定されている。

柔道整復は経験と勘によって骨折、打身、捻挫、脱臼を治療することで、外科手術を行わない。

柔道整復師となるには、大学に入学することのできる資格をもち、養成施設で3年以上、解剖学、生理学、衛生学をはじめとした、定められた知識、技能を修得した後、国家試験を受けて、免許を得なければならない。なお、応急手当を除き、医師の同意を得たとき以外は、骨折や脱臼の治療は行うことはできない。

008

第五章

柔術の形

水月塾制定柔術形

日本柔術教習課程について

　現在、水月塾制定柔術形は国際水月塾武術協会に所属する著者の一門によって修行されている。この制定柔術形は古流柔術の形(かた)を集大成して構成されている。

　古来、古流柔術では居捕・立合といった同じ想定下による分類はなされていたが、同質の技法による体系的分類はなされなかった。言い換えれば、最初に学ぶ一連の形に投げ技があったり、関節技があったりで、同じ立合でもそれが一つの技術的共通要素をもった分類はされていないのである。

　水月塾では立合の形を逆取と逆投に分類し、それを初伝・中伝・奥伝にそれぞれ10本ずつ配して、合計60本で編成している。初伝・中伝・奥伝の区分は技術の難易度によるものではなく、教授（習得）の段階による編成となっている。

　60本の形稽古に並行して、柔術体をつくるために技法練習手と称する基本技60本を稽古する。この基本60本の稽古を行うことにより、体動の癖を消し、無理なく形が取れるようになる。

　形の60本を習得した後、短棒術と半棒術の稽古に入る。続いて太刀捕（白刃捕）と洋杖術に移り、同時に逆取・逆投60本の居捕と裏、および変化の手を学ぶ。これで60本の技が4段階に変化し、総計240本で無手の柔術を錬磨する。この後さらに柔術は段捕（連続捕）と師範技に発展する。武器法は組討（袋竹刀を使用）・十手・鉄鎖・手の内・独鈷・鉄扇・柲(ばち)・矢尻木・十字の形がある。

　本書で解説する柔術の形は、水月塾制定柔術形の本体にあたる基本中の基本である。現在は欧米でも多くの会員が修行に励んでいる。

日本柔術教習課程

三〜一級	受身　体捌き　初伝逆取10本　初伝逆投10本　技法練習手60本
初段	中伝逆取10本　中伝逆投10本　短棒術初伝10本
弐段	奥伝逆取10本　奥伝逆投10本　短棒術中伝10本　組討10本
	ナイフ・ピストル取10本　太刀捕(白刃捕)10本　半棒術国際指導形
参段	初伝・中伝の裏手および変化手40本　初伝・中伝・奥伝の居捕60本
	短棒術奥伝10本　半棒術40本　十手術10本
四段	逆取・逆投の段捕および師範技　短棒術・半棒術の師範技
	洋杖術　鉄鎖術10本
錬士	四段までの形をすべて演武し、論文審査を行う
五段	五段以上は技術以外の要素が入り、複雑なため省略

OSANO SCHOOL JŪJUTSU TRANING COUSE (REVISION 2000)

3〜1KYU	UKEMI　TAISABAKI　SHODEN-TORI-10　SHODEN-NAGE-10
	BASIC PRACTICE TECHNIQUE-60
1DAN	CHUDEN-TORI-10　CHUDEN-NAGE-10　TANBŌ-SHODEN-10
2DAN	OKUDEN-TORI-10　OKUDEN-NAGE-10　TANBŌ-CHUDEN-10
	KUMIUCHI-10　KNIFE/PISTOL-TORI-10　SHIRAHADORI-10
	HANBŌ-INTERNATIONAL-TECHNIQUE
3DAN	SHODEN/CHUDEN-SECOND-TECHNIQUE-40
	SHODEN/CHUDEN/OKUDEN-SIT-TECHNIQUE-60
	TANBŌ-OKUDEN-10
	HANBŌ-TRADITIONAL-TECHNIQUE-40
	JUTTE-10
4DAN	SHODEN-CHUDEN-DANDORI (CONTINUATION)-TECHNIQUE
	TORI-NAGE-MASTER-TECHNIQUE
	TANBŌ/HANBŌ-MASTER-TECHNIQUE
	EUROPE-WALKING STICK-TECHNIQUE
	CHAIN-TECHNIQUE-10
RENSHI	ALL TECHNIQUE AND ESSAY
5DAN	OMISSION

第五章 柔術の形

受身
Ukemi

　受身は投げられたり、押さえ込まれたり、倒されたりした場合に、体に受ける衝撃を柔らげる方法であると定義されている。しかし、古来、柔術での受身の考え方はそうではなく、投げられたり、倒されたりした場合、反撃をするために体勢を立てなおすための技法を受身と称している。

　受身は講道館柔道成立以来、これを単独で稽古する体系ができたが、柔術では形の受けとして受身を体得していく。だから10回受身を稽古するためには10回投げられなければならない。

　著者の教伝する日本柔術では、以上の方法を折衷して稽古している。

　ここでは代表的な受身8種を紹介しておく。

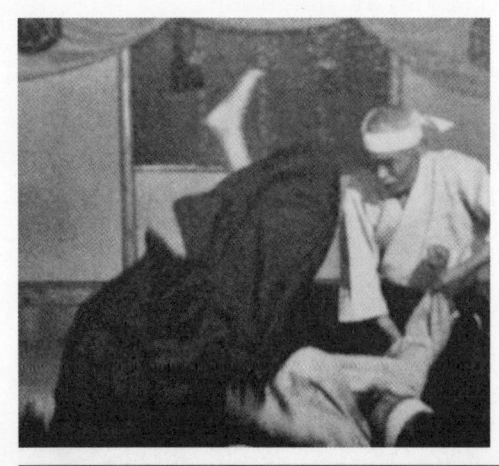

揚心古流柔術の受身。
柔道式に畳を打って行う

受身

仙台藩伝浅山一伝流柔術の受身。
背負投を空中で一転して立って受ける

柳生心眼流兵術の受身。
後方に一回転させる技法であるが
自らが逃れる手でもある

古流柔術で最も多く見られる定位置受身。
投げられても遠くへ離れず、
その場で丸く小さく受ける。
体への衝撃はほとんどない

前方回転受身
Zenpōkaiten-Ukemi

①用意。
Get ready.

②右手から入る方法と、左手から入る方法がある。
Lean forward placing one hand (either right or left) on the mat.

③回転。
Start your forward roll.

④回転。
Continue your forward roll.

⑤片足立ち、または起立の状態になる。
End on one knee or standing up.

受身

後方回転受身
Kōhōkaiten-Ukemi

第五章　柔術の形

①用意。
　Get ready.

②片足を内へ折る。
　Fold one leg toward the inside.

③後方に回転を始める。
　Start your backward roll.

④回転
　Continue your backward roll.

⑤向き直る
Get back on your feet.

前方受身
Zenpō-Ukemi

①用意。
Get ready.

②そのまま前方に倒れる。
Fall straight forward.

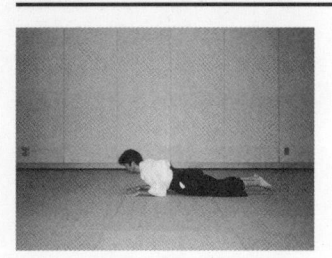

③前腕部で受ける。
Strike the mat with both arms simultaneously.

足裏受身
Ashiura-Ukemi

①用意。
Get ready.

②前方に回転する。
Start your forward roll.

③回転。
Continue your forward roll.

④足裏で受ける。
End on your feet, arching your back.

前方転回受身
Zenpōtenkai-Ukemi

①用意。
Get ready.

②両手を着く。
Lean forward placing both hands on the mat.

③転回。
Roll forward to a handstand position.

④立つ。
End standing up.

後方転回受身
Kōhōtenkai-Ukemi

①用意。
   Get ready.

②体を沈める。
   Bend your knees.

③転回。
   Somersault backward, throwing your body into the air.

④両手を着いて立つ。
   End in a handstand position.

閻魔返し
Enmagaeshi

①我は敵の腕を脇固めに取る。
Hold your opponent's arm tightly under your arm.

②敵は前方に回転する。
Throw him forward.

③立つ。
Your opponent ends his fall on his feet.

④敵は向き直る。
Your opponent faces you again.

⑤敵は我の腕を脇固めに取る。
　Your opponent holds your arm tightly under his arm.

⑥我は前方に回転する。
　He throws you forward.

⑦立つ。以下、繰り返す。
　You roll, ending up on your feet. Repeat same movements several times.

俵返し
Tawaragaeshi

①柔道式に組む。
　Grasp your opponent in a judo style.

②我は敵に大外刈りを掛ける。
　Attack your opponent with an osotogari (major outer reap).

③敵は倒れる勢いで捨身投げに入る。
　Throw him with a suteminage as he falls.

④投げる。
　Throw your opponent to the ground.

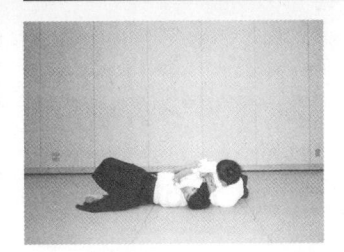

⑤我は投げられても掴み手を放さず。
Do not release your grasp even if you fall with your opponent.

⑥我は敵を強く引き込んで腹上に投げる。
Pull and throw your opponent over your abdomen.

⑦以下、繰り返す。
Repeat same movements several times.

第五章　柔術の形

礼式
Reishiki

　形を打つ最初と最後に必ず礼式を行う。礼式は流儀により様々な方法と所作があるが、著者の日本柔術では柔道に準ずる形式で礼を行う。

①直立して向かい合う。実際にはもう少し広く間合いを取る。

Stand, facing your opponent. In reality, you should stand further apart from your opponent.

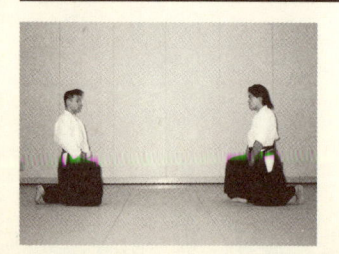

②左足を退き、右膝立ちとなる。

Step back with your left leg and kneel so that the left knee touches the mat, and draw up your right knee.

③右足を退き、正座となる。
Step back with your right leg and kneel so that both knees are touching the mat.

④左手、右手の順（両手を同時に出す場合もある）で手を着き、互いに注視して礼をする。
Place your left hand, then your right hand, on the mat (in some cases, both hands are placed on the mat simultaneously) and bow to your opponent as a sign of respect, the latter doing the same at the same time.

⑤右手、左手の順で手を戻し、正座となる。
Remove your right hand, then your left hand, and sit straight with both knees on the mat.

⑥右膝を立てる。このとき、左足の爪先を立てること。
Draw up your right knee with the toes supporting your left foot.

⑦左足を立てて直立する。
Draw up your left leg and stand up.

第五章 柔術の形

初伝逆取一本目

外小手
Sotogote

手首逆を取って固めたまま連行する技法

　敵が我の右手の自由を封じるため、左手で右手首を掴む。我は右足を右前方に進めながら右手を指先から外に返す要領で上げてゆき、左四指を敵の掌内に掛け、左親指は敵の手の甲に当てる。この間に左手甲で敵の顔面に霞を掛ける。左足は右足に従って右側外に引く。我の右手を抜く際、敵の左手親指を敵方に押して敵を崩し、右手を敵の小手に左手と同様に添える。敵の小手を返したまま胸元へ引き込み、右足を引いて左足底で敵の左脇腹を蹴る。左足を右足前に組足（丁字型）に置き、敵の腕を反時計回りに脇下を回して上に出す。我は敵と並立し、右手で下に押圧し、左手を肘に当てて挟む。そして、そのまま数歩連行して分かれる。

【要　点】
　左手甲による敵の顔面への霞の当ては脱力して迅速に行う。写真③のとき、敵の両足と我の両足は一直線上にあることが望ましく、肘逆がしっかり取れていることが肝要である。また、敵の腕を胸元に引き込むときは、地を擦るように丸く引き込む。敵の腕を脇下に巻くときは右手の親指で敵の左親指をひっ掛けておくこと。柔らかく、しかし敵が返せないように取ることが全体の流れのポイントである。

①敵は左足を出し、左手で我の右手首を掴む。
　Your opponent steps forward with his left leg and grasps your right wrist with his left hand.

初伝逆取

②我は右足を右前方に進め、右手を外から回し、左手をこれに添える。
　Move your right leg forward to the right. Lift your right hand from the outside together with your left hand.

③両親指で敵の左小手を押して、敵の上体を崩す。
　Press both thumbs on the opponent's left wrist and make his upper body lose balance.

④敵の小手を胸元へ引きつけると同時に右足を引き、左足で敵の脇腹を蹴る。
　Step back with your right foot while pulling the opponent's wrist and kick him in the side with your left foot.

⑤左足を組足に右足の前に着き、敵の前腕を脇から巻き込む。
　Place your left foot before your right foot so that your legs are crossed and grasp your opponent's forearm from the side.

⑥敵に並立し、右手で敵の左小手を押さえ、左手で肘を支えて挟みつける。
　Stand next to your opponent. Control his left wrist with your right hand and hold his arm using your left elbow.

第五章 柔術の形

初伝逆取二本目
閻魔
Enma

腕の逆を決めて脇固めにする技法

　敵が我の両手の自由を封じるため、両手で我の両手首を掴む。この時、肩は脱力し、丹田に力を込める。左手の抜き手および手刀当ては迅速に行う。次に右足を少しだけ退くのは敵の重心を崩して浮かせるためで、大きく引いてしまうと敵も一歩進んでしまって体勢を崩せない。ここはこの形の重要ポイントである。次に前に進む場合、特に初心者は上体が後方に傾きがちになるので注意を要する。しっかりと正中線を保って入るようにする。腕の脇固めの方法は流儀によって、それぞれ異なっている。水月塾の制定形では敵の腕は脇に挟まず、我の肘を敵の肘の上にかぶせるようにして引き込む方法を用いている。

【要　点】
　この技法はおよそどの流儀にも見られる日本柔術の代表的なものである。初心のうちは敵の肩を我の膝に乗せるようにして固めると効果が上がる。重要技法なので、逆を掛ける角度に習熟することが上達への早道である。

初伝逆取

①敵は左足を出し、両手で我の両手首を掴む。

Your opponent steps forward with his left leg and grabs both of your wrists.

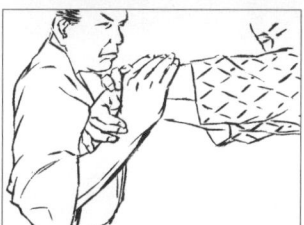

②我は右足を少し退き、左手を我の右肩方向に抜き、敵の左霞に左手刀で当てを入れ、右手は上抜きにしてそのまま敵の左手首を掴み、これに左手を添えて、敵の小手を我の右肩口に固定する。

Step back a little with your right leg. Break the opponent's grip on your left wrist by moving it to the right and strike your opponent's left temple with the side of your left hand. Break the opponent's grip on your right hand by moving it upward and use it to grasp the opponent's left wrist. Move it together with your left hand and control the opponent's wrist with your right shoulder.

③我は右足を敵の右足前方に踏み込みながら右肘を敵の左腕に上より掛け、我は右脇を締めて、敵の左腕の逆を取って固める。

Step forward with your right leg placing it in front of the opponent's right leg while putting your right elbow on the opponent's left arm and pressing it with your right side. Then, control the opponent's left arm by pulling it.

第五章 柔術の形

初伝逆取三本目
七里引
Shichiribiki

肘逆を決めて連行する技法

　敵が我の右手の自由を封じるため、両手で我の右手首を掴む。敵はこの状態から背負投や「四方投」（初伝逆投一本目）など様々な技法を掛けることができる。我は右手で下から敵の右手首を掴み、右足を引きながら強く引き込む。この時、腰を十分落として体重を掛けて引くようにする。敵が出てくるところを敵の右腕の上から左肘で敵の右霞を当てる。敵はこの時、左手を放してその掌で我の肘当てを止める。我は右足を軸にし、右足を背後に回して敵と並立し、左腕を敵の右上腕の上から巻いて、右手を下げ、肘逆を決める。そのまま数歩連行して分かれる。
　この技法は一般に「七里引」の名称で各流儀に類似の形が伝えられているが、入り方は各流儀で区々である。

【要　点】
　敵の身長が我より高い場合には、肘当ては脇腹へ入れるとよい。また、自分より大きい者を連行するときには、できるだけ敵と背合わせに近い状態になるのが望ましい。

初伝逆取

①敵は右足を出し、両手で我の右手首を掴む。
　Your opponent moves forward from his right leg and grabs both of your wrists.

②我は右手で敵の右手首を掴み、右足を退いて敵を引き寄せ、左肘で敵の霞を当てる。
　Grasp his right wrist with your right hand. Step back with your right leg and pull your opponent. Strike his temple with your left elbow.

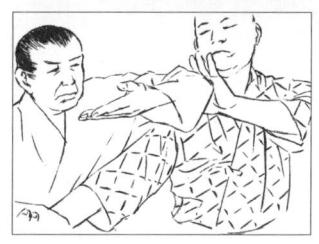

③体を開いて右足を左足に並べて敵と並立し、左腕で敵の右上腕を上から巻いて抱え、右手を下げて逆を取り、連行する。
　Place your right foot alongside your left foot so as to stand next to your opponent. Roll up your left arm around the opponent's right upper arm and immobilize it with your right hand.

初伝逆取四本目

横固
Yokogatame

第五章　柔術の形

引き倒して腕を背固めにする技法

　横固における袖取の想定は古流柔術の形にはあまり見られない。幕末以前の形の稽古を中心にした古流では、形は平服、すなわち角袖の着物で打つ。角袖は掴んでも敵の腕の自由を封じることはできないし、強く引っ張れば破れてしまう。袖取の想定は乱捕が普及する幕末からの取口であろうと思われる。乱捕用の上衣は筒袖で丈夫である。

　横固はまず、右に体を捌いて左拳で下昆または人中に当てを入れる。その虚をついて右親指で敵の左肘内側の窪んだ部分を突き上げる。この際、敵の掴んだ左手が放れないように左手でその甲手を押さえておく。次に親指を抜いて右手をそのまま上げて敵を浮かせ、右足を軸に左足で円を描くように退き、俯せに一気に引き倒す。そのまま敵の左腕を背固めにする。固める方法は数種ある。

【要　点】

　最初の移動・当身・肘上げは同時に一挙動で行う。親指が外れにくいので、何回も稽古して、うまく外せるようにする。敵の腕をしっかりと曲げておかないと倒すのが困難になる。また、引き倒す角度と方向を誤ると敵が仰向けに倒れてしまうので、要注意。引き倒すときには迅速に回り込むことも肝要である。

①敵は左足を出し、左手で我の右袖下を掴む。
　Your opponent steps forward with his left leg and grasps your right sleeve with his left hand.

初伝逆取

②我は右足を右前方に進め、左拳で敵の面に当身を入れ、右親指を敵の左肘内側に掛け、敵肘を屈曲して上げる。

Move forward to the right from your right leg. Strike your opponent's face with your left fist. Place your right thumb on the inner part of the opponent's left elbow. Lift his elbow while twisting it.

③我は左足を右足を軸にして退き、左手で敵の左甲手を押さえ、右手を敵の左腕の外に出して上方に伸ばす。

Step back with your left leg pivoting on your right leg. Grasp your opponent's left hand from the top with your left hand. Move your right hand upward outside the opponent's right arm.

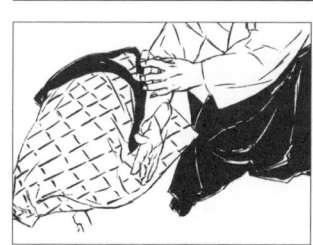

④我はさらに左足を退き、右手を切り下げて敵を引き倒す。

Step back further with your left leg and pull your opponent forward to make him fall using your right hand.

⑤敵を伏固めにし、腕を背に固める。

Immobilize your opponent on the ground, holding his arms behind his back.

初伝逆取五本目

捩閻魔
Mojirienma

手首関節を攻めて腕を脇固めにする技法

　①の状態から敵は押してくるか、打突蹴りにくるか、片手背負投にくるかする。我は掴まれたら迅速に敵の手首の逆を取り、敵を崩しに入る。これはまず敵の第二の攻撃を阻止するものであり、また、我が技に入るための崩しでもある。逆を取る際、少し胸で敵の方に押し返すとよく決まる。この技法には両手で敵の手首を掴んで、雑巾絞りにし、その皮肉を痛める別法もある。次に体が後方に傾かないように正中線(せいちゅうせん)を保ちながら左足を敵の前に進める。その際、敵の右肘(みぎひじ)が上にくるように敵の腕を返し、我の左肘を敵の右肘の上に掛け、脇固めにする。

【要　点】
　「閻魔」(えんま)(初伝逆取二本目)と基本的に同じ技法であるので、逆を取る方法に熟達するよう心掛ける。手首逆は敵の手の小指側が上になる位置で決めるのが常法である。逆を取るのはテコの原理を用いているので、支点・力点・作用点を考えて、工夫されたい。小手を強く決めすぎると、敵が倒れてしまい、技としては良いが、形が成立しなくなってしまうので要注意である。

初伝逆取

①敵は右足を出し、右手で我の胸襟を掴む。

Your opponent moves forward from his right leg and grabs your collar with his right hand.

②我は左足を退き、右手で敵の右甲手を、左手で手首を掴み、雑巾絞りに小手逆を決める。

Step back with your left leg and grasp your opponent's right hand from the top with your right hand and his wrist with your left hand. Apply a kotegaeshi by twisting his hand.

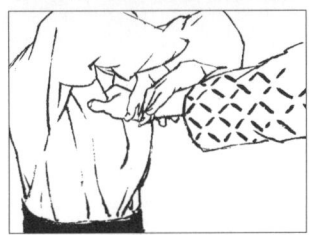

③敵が崩れたら左足を敵の前に進め、左肘を敵の右腕に乗せて落とし、肘関節の逆を取って固める。

When the opponent is on the ground, move toward him from the left leg. Place your left elbow on his right arm and immobilize him using his arm for leverage.

第五章 柔術の形

初伝逆取六本目
引落
Hikiotoshi

締めを脱し、腕逆を取って引き伏せる技法

　敵の締める方法は親指を外にする場合と内にする場合があるが、どちらでもかまわない。形の場合は右腕を上にして締める。我が右腕を敵の両腕の間に差し込むとき、あまり深く入れないようにする。自分の肘が敵の左腕に乗っていないと、テコの原理が働かず、締めから脱することはできない。右手を上げ、右肘を下げて締めから脱したら、敵の右肘関節は屈曲したまま一度上に上げるようにしてから押して敵の体を崩す。ここがこの形の重要ポイントである。そして、一気に敵の右肘の逆を取って背後に体を開いて引き倒すのである。

【要　点】
　この形においても常に正中線を真直ぐに保つことが肝要である。肩の力を抜き、しなやかに丸く取っていくことに心掛けて稽古されたい。

初伝逆取

①敵は右足を出し、両手を交差して我の胸襟を掴んで締める。
　Your opponent steps forward with the right foot and holds your collar tightly crossing his hands.

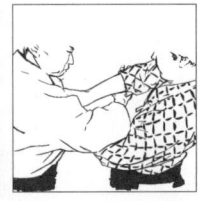

②我は右手を上から敵の両腕の間に差し込む。
　Put your right hand between your opponent's arms from the top.

③我は右肘を下げて敵の体を崩し、右手で敵の右手首を掴み、左手を敵の右肘に当てる。
　Put your opponent off balance by pulling down your right elbow. Grasp your opponent's right wrist with your right hand and place your left hand against his right elbow.

④我は左足を軸にして右足を退き、敵の右肘の逆を取る。
　Step back with your right leg pivoting on your left leg and hold your opponent's right elbow behind his back.

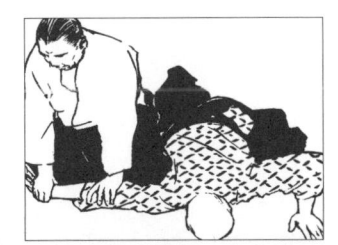

⑤そのまま引き倒して固める。
　Pull your opponent forward to the ground and immobilize him.

初伝逆取七本目

肘落
Hijiotoshi

突きを受け流し、腕逆を取って引き倒す技法

　敵の突き攻撃は、敵の体動を見て突く前の段階で、どこを突きにくるのかを察知できるようにする。これは特に初心者のうちは十分日数を掛けて稽古することが必要である。敵の突きが出るのと同時に我は右足を進めて組足にし、体を右に開く。同時に敵の突きを受け流してその手首を右手で掴む。敵の突き手の手首を掴むというのは実戦の場合、かなり高度な技術となる。しかし、稽古の度に必ず毎回これを繰り返し行うことによって必ず可能になる。著者もこの基本技術は拳法を兼修していたこともあって入門してから数年間は相当の時間を費して稽古をした記憶がある。腕を掴んだら一度、敵の体側に戻してやるようにして敵の肘を屈曲させて上に引き上げる。以下は「引落」（初伝逆取六本目）と同じ要領で逆を取って引き伏せる。

【要　点】

　突き攻撃に対しては、いかに逃げることなく、敵に接近して捕り押さえるかが重要なポイントになる。そして、敵に第二の攻撃をさせないよう、接触と同時に敵の体を崩しに行くことが要求される。

初伝逆取

①敵は右足を出し、右拳で我の中段（水月〈みぞおち〉）を突く。我は右足を左足前に進めて組足になり、右手（または両手）を敵の右腕に当てて突きを受け流す。

Your opponent moves forward from his right leg and attempts to hit you in the solar plexus (suigetsu) with his right fist. Cross your legs placing your right foot in front of your left foot and turn to your side holding your opponent's right arm with your right hand (or both hands).

②我は左足を進め、両手で敵の右前腕を真上に引き上げる。

Move your left leg forward and lift your opponent's right forearm with both hands.

③我は左足を軸にして右足を退き、敵の右肘の逆を取る。

Step back with the right leg supporting your body on the left leg and immobilize your opponent by applying pressure to his right elbow.

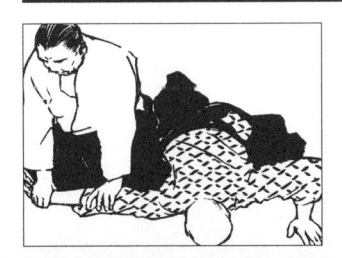

④そのまま引き倒して固める。

Pull your opponent forward to the ground and immobilize him.

第五章 柔術の形

初伝逆取八本目
腕緘
Udegarami

腕を後方に屈曲し、両手で緘めて固める技法

　敵の打ち込みを受ける一つのポイントは打ち込む力に逆らわないことである。受け止めた瞬間、腰を割って落とし、敵の力を吸収するように受ける。敵が無力になった瞬間を察して今度は押し上げ、右足を敵の右足後方に進め、右手を裏から敵の右前腕に掛けるのである。

　次に、敵が後方に反り返るところまで倒す。この不安定な位置で固めるのが古伝の方法であるが、本柔術形では敵を仰向けに倒し、腕緘を掛けたまま右膝を敵の胸に乗せて固めるのである。この膝押えの法は渋川一流柔術より採用している。

　単純な形ではあるが、柔術ではよく用いる技法であり、多くの変化技や発展形を有している。原形は天神真楊流柔術にある。

【要　点】
　敵が体軸を捻って腕緘から逃れてしまわぬよう、押し込む方向を十分注意して稽古をすることが肝要である。

初伝逆取

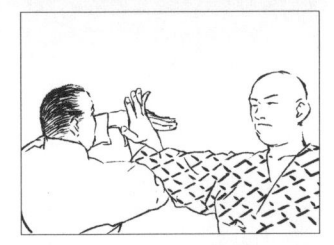

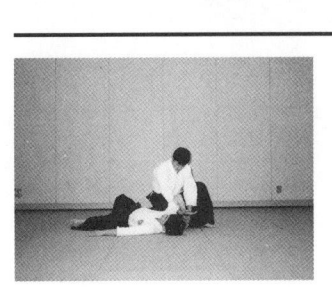

①敵は右足を進め、右拳で我の眉間を打つ。我は右足を退き、左前腕（または左手）で受け止める。

Your opponent moves forward from the right leg and attempts to strike you in the middle of the forehead. Step back with your right leg and block with your left forearm (or left hand).

②我はそのまま左手で敵の右手首を掴み、右足を敵の右足外際に進め、右前腕を敵の右腕の下から上に出して、敵の右前腕に掛ける。

Grasp your opponent's right wrist with your left hand. Move your right leg to the outside of your opponent's right leg. Lift your right forearm and press it on your opponent's right forearm.

③そのまま仰向けに倒し、右膝を敵の胸に乗せて固める。

Make your opponent fall on his back and immobilize him by putting your right elbow on his chest.

初伝逆取九本目

後引落
Ushirohikiotoshi

脇へ抜け、腕逆を取って引き伏せる技法

　敵が強く手首を掴んできた場合には頭部か蹴りで当身を入れるか、あるいは腕を内に捻りながら前に引き出す。両手を前に伸ばすとき、あまり大きく出しすぎると敵の手が腕から離脱してしまい、形が成立しなくなるので注意を要する。右手で敵の右手首を取り返すときは、右手をねじりながら、敵の手が離脱しないうちに取り返す。

　腕逆の取り方にはいろいろあり、写真では引き込み式となっているが、「引落」（初伝逆取六本目）や「肘落」（初伝逆取七本目）と変化をつけるための押し込み式に取ったほうがよい。押し込み式とは敵を引き込まずに逆を取ったまま前方へ押し崩していく方法である。この際、敵の腕をしっかりと自分の腹部に固定し、体で押し崩すことが肝要である。

【要　点】

　いずれの形にもいえることであるが、無駄な足捌きは禁物である。重心が崩れやすいし、自分の位置が不利になることが多い。本形においても右足、左足と退いて腕逆を取ったら、そのまま数歩押し込んで固めていく。なお、敵の左の掴み手が離脱しない場合は、そのまま敵の手を腕に固定して押し込む。この場合、敵は受身が取れず、左肩から落ちていくので要注意。

初伝逆取

①敵は右足を出し、後方より我の両手首を両手で掴む。

Your opponent steps forward with his right leg and grabs your wrists from behind.

②我は腰を落とし、両手を前に伸ばす。

Squat slightly and stretch both hands forward.

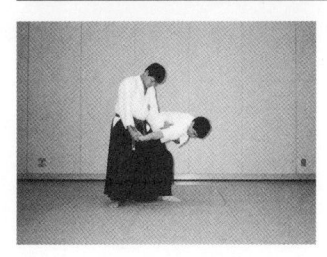

③我は右足、左足と敵の右側に退き、敵の右腕を頭上に越して右手で敵の右手首、左手で上腕を押さえる。

Move both legs back to the right side of your opponent. Pass under your opponent's right arm and hold his right wrist with your right hand and his forearm with your left hand.

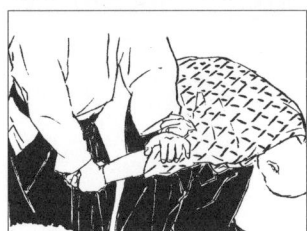

④そのまま引き倒して固める。

Pull your opponent forward to the ground and immobilize him.

第五章　柔術の形

初伝逆取十本目
甲手挫
Kotehishigi

鴨首固めで連行する技法

　後方から両腕で相手を抱え込む攻め手は柔術各流におよそ見られる想定であり、柳生心眼流では「大搦」、渋川一流では「上抱」と表現している。この攻め手から脱する方法はいろいろある。
　後頭部で敵の面を打ったり、踵で足の甲部を踏み付けたりして敵の力を殺ぎ、次の瞬間、両肘を横に張って腰を落として脱ける。さらに敵に次の攻撃をさせないため、脱けたときに肘で水月（みぞおち）に当てを入れることもある。
　脱けたときに敵の両腕が自分の両肩に乗っていることが肝要である。右手で敵の左手首を掴み、その腕下を抜けるとき、敵から離れてはいけない。密着しながら抜け、すぐに小手固めに引っ立てる。最後の固め技には別法（イラスト）がある。

【要　点】
　この形は何度も繰り返して、一瞬の内に小手固め（鴨首固め）に取れるようにする。動作が遅いと敵は簡単に逃れてしまうので要注意である。

初伝逆取

①敵は後方より右足を出して我の両腕ともに両腕で抱え締めにする。

Your opponent steps forward with his right leg from behind and holds his arms tightly around your arms.

②我は両肘を張り、左肘で敵の水月を突く。

Try to lift your elbows to the sides and strike your opponent's solar plexus with your left elbow.

③我は右手で敵の左手首を掴み、左手を敵の左肘に当て、その腕下を外に抜ける。

Grasp your opponent's left wrist with your right hand. Place your left hand on your opponent's left elbow and move to the outside passing under his arm.

④敵に並立し、両手で敵の前腕を挟んで連行する。

Stand next to your opponent and immobilize him by holding his arms.

第五章　柔術の形

初伝逆投一本目
四方投
Shihōnage

体変換して腕を後方屈曲し、投げ倒す技法

　敵の側面に入る際、左の握り手は敵の骨を圧迫させ、激痛を与えるようにする。また、敵から、離れぬよう、右腕を左腕に添わせるように入る。
　体変換する際は姿勢が高くならぬよう、同時に左右の膝（ひざ）を踏み換える。敵の腕を振りかぶるとき、敵の手が高く上がりすぎたり、敵に近い位置でかぶると敵が逆に体変換してしまって技が掛からなくなるので、自分の頭上で振りかぶるよう心掛けたい。
　倒す際には敵の肘（ひじ）が十分に屈曲していることが重要である。この屈曲があまいと敵は合気道（あいきどう）式の受身（うけみ）で逃れてしまい、技法として成立しないので、古流では必ず真下に仰向（あおむ）けに倒すのを鉄則としている。倒したらその勢いで敵を横向きにして敵の手を耳下に当て、それに左膝を乗せて固める。脈を強圧するので、数秒と堪えられない。

【要　点】
　大東（だいとう）流や合気道の同名技法と原理は同じであるが、観点や方法論は解説のとおりまったく相違している。入身（いりみ）から体変換へ移る流れがこの形の成否を決定するので、正しい指導を受けて、よく体感することが肝要である。

初伝逆投

①敵は左足を出し、左手で我の右手首を掴む。

Your opponent steps forward with his left leg and grabs your right wrist with his left hand.

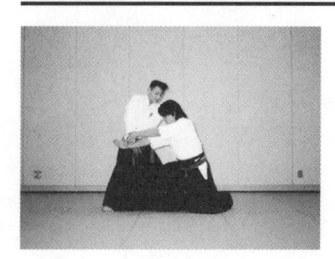

②我は右足を敵の右足前に進めて、左膝をつき左手で敵の左手首を掴み、右指先を敵の右膝外側に突き出す。

Move your right leg toward your opponent's right foot and kneel on your left knee. Grasp your opponent's left wrist with your left hand and stretch out the fingers of your right hand toward the outside of your opponent's right knee.

③我は足を踏み替えて後方を向き、敵の左腕をくぐって仰向けに倒す。

Reposition your feet and turn back. Pass under your opponent's left arm and throw him down on his back.

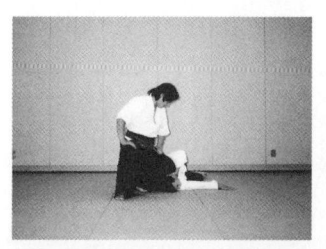

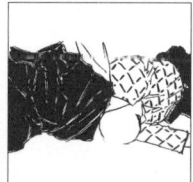

④倒した後、左手を顔の下に固定し、左膝をそれに乗せて固める。

When your opponent is on the ground, firmly place your left hand on his face and put your left knee on it to further immobilize.

初伝逆投二本目
捻返
Nejikaeshi

小手を返して引き倒し、膝固めにする技法

　他流で「手鏡（てかがみ）」と称する形と同質の一手である。右手を顔前に立てる際、左手で補助を入れ、敵の体勢を浮かせることが重要である。
　次に右手を抜いたら、すぐその指先で敵の目に霞（かすみ）を掛け、または右足で蹴り当てを入れてもよい。敵を引き落とす際には前形「四方投（しほうなげ）」（初伝逆投一本目）と同様に敵の肘を屈曲させるようにし、倒れたら直ちに左膝で敵の手を固めに入る。写真のように小手返（こてがえし）の方法で投げる場合にも、敵が倒れる前には肘を十分に屈曲させておかなければならない。敵を大きく投げ飛ばすのは技を返されやすくしているようなものであり、逆効果である。真下にそのまま引き落とすのが重要点である。

【要　点】
　小手の返しを深くしすぎると、四方投（しほうなげ）と同様、敵が向き直ってしまい失敗することがある。低く、早く、真下に落とすことが肝要である。

初伝逆投

①敵は右足を出し、両手で我の両手首を摑む。

Your opponent moves forward from his right leg and grabs your wrists with his hands.

②我は右手を返して顔前に立て、左手で敵の左手首を下から摑む。

Turn your right hand and bring it in front of your face. Grasp your opponent's left wrist with your left hand from below.

③我は右手を敵の左手から抜き、右手で敵の左手を甲側から摑んで捻る。

Break the opponent's grip on your right hand and use it to grasp and twist his left hand from the top.

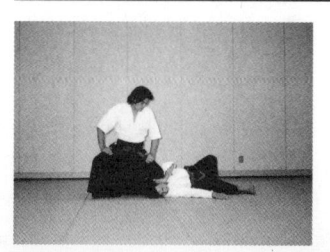

④倒した後、四方投と同様に膝を乗せて固める。

When your opponent is on the ground, use your knee to immobilize him as in the shihonage.

147

第五章 柔術の形

初伝逆投三本目

肘枷投
Hijikasenage

両肘に逆を掛けて片腕で突き飛ばす技法

　我が左腕を差し込むとき、右手で敵の右手首を掴んでもよい。左腕は肘を上に向けるようにして、しっかりと敵の右肘を押圧し、逆を掛ける。すかさず肩で真下に潰すように投げる。遠くへ投げ飛ばしてもよいが、この技は非常に危険であり、敵が早い時点で両手を離して受身を取らないと、後頭部から落ちて脳震盪を起こすので要注意である。特に初心者には最初に受身の法を教えておかなければならない。形では受身が取れるように投げるが、実際の技法は迅速であり、受身を取ることができない。逆を掛けて敵の重心を崩す原理はこの技が最も明瞭である。

【要　点】
　左腕を差し込むとき、自分の体勢が後方に反ってしまわないようにする。正中線を保ち、肩で入る心持ちが肝要である。敵は「後方羽打受身」でも「回転受身」でも、どちらでもよい。

①敵は左足を出し、我の右手首を両手で摑む。

Your opponent moves his left leg forward and grasps your right wrist with both hands.

②我は右手を右腰に引き、左足を敵の左足横に進め、左腕を敵の両腕下に当てる。そのまま左肩で突き飛ばす。

Pull your right hand toward your right hip. Place your left foot next to your opponent's left foot and press your left arm under your opponent's arms. Thrust your opponent away using your left shoulder.

初伝逆投

第五章 柔術の形

初伝逆投四本目
首車
Kubiguruma

顔を捻り、引き倒して膝固めにする技法

　単純明解な技であり、しかも効力は抜群である。敵が左手で袖を掴んだとき、敵の右手の動きに注意していなければならない。両手で敵の顔を捻るとき、頤に当てている右手を少し押してから捻れば、軽く返る。あまり強く掛けすぎると頸椎を痛めるので、手加減が必要である。倒したら、敵の顔を横向きにしたまま、頬骨上部に右膝を乗せて固める。この固めの方法は警察の逮捕術にもあり、激痛を伴う。

【要　点】
　左右の手の動きを同時に行うこと。固め技に移行するまで両手は敵の顔から離さないことが肝要である。

初伝逆投

①敵は左足を出し、左手で我の右袖を掴む。

Your opponent steps forward with his left leg and grasps your right sleeve with his left hand.

②我は右手を敵の顔、左手を頭部に当て、左へ捻る。

Put your right hand on your opponent's chin and your left hand on his head and twist toward the left.

③そのまま捻り倒し、右膝で敵の顔を押さえる。

Continue to twist and throw your opponent to the ground. Immobilize him by placing your right knee on his face.

初伝逆投五本目

岩石落
Gansekiotoshi

右腕を右肩に掛け、前に投げ出す技法

　敵に胸襟を掴まれた際に背負投を掛ける方法はいろいろある。いずれも投げる直前に敵の力を殺いでおくか、あるいは敵の重心を十分に崩しておかなければならない。
　背負投系の敵を頭から投げ落とす技は古くは「岩石落」の称を用いた。ここでは敵の重心を崩して技を掛ける方法を用いる。我は敵の右手首を左手で下から掴み、右手を喉輪にして二、三歩押し込む。敵が後方へ重心を崩し、体勢を立て直そうと押し返す力を利用して一気に背を向け、深く入る。右手で上衣の肩の部分を掴み、左手を強く引いて前に投げ落とす。初伝技法なので敵の肘逆は決めなくてよい。固めの方法は数種ある。受身は羽打ちでも足裏でもどちらでもかまわない。

【要　点】
　押し込んでから投げるまでの部分は絶対に止まらず、迅速に一気に投げる。動作が止まると敵の重心が回復してしまうので投げられなくなってしまい、技を返される危険性が高い。投げ落とした後も、素早く固め技に入らないと返されてしまう。古流柔術の形の多くは投げただけでは意味がなく、敵の身体の自由を完全に封じた時点で決めとなる。

初伝逆投

①敵は右手で我の胸襟を摑む。我は左手で敵の右手首を下から摑み、右手は喉。

Your opponent grabs your collar with his right hand. Grasp your opponent's right wrist with your left hand from below. Hold your opponent's throat with your right hand while moving a few steps forward.

②敵が押し返してくるところを、我は敵に背を向けて右肩に敵の右腕を掛け、右手で敵の右肩を摑む。

When your opponent starts pushing back, turn your back on him, place his right arm on your right shoulder and hold his right shoulder with your right hand.

③一気に投げ落とす。

Throw your opponent to the ground in one breath.

④投げ落とした後、固め技に移行する。

Use an immobilization technique when your opponent is on the ground.

初伝逆投六本目

紅葉返
Momijigaeshi

襟締めに対し、両腕に逆を掛け、片腕で突き飛ばす技法

技の原理は三本目の「肘枷投（ひじかせなげ）」とまったく同じである。右手で敵の右手を返すことにより締めを緩めると同時に、肘逆を掛けやすくする。

【要　点】
　右手でしっかりと敵の右手首を返し、崩しの支点をつくることが肝要である。足で入らず、腰で入る体動を身に付けることを稽古の眼目としたい。敵を遠くへ投げ飛ばすのではなく、目の前に潰す要領で突き飛ばすよう心掛けたい。

閑話休題

紅葉（もみじ）のこと

　胸襟を十字形、すなわち右手で相手の右襟、左手で相手の左襟を掴（つか）む方法を「紅葉」という。柔道でも締め技に存在するが、柔道では仰臥（仰向け）している相手の腹上に馬乗りになって締める。親指を内にして締めるのを「並十字締」、外にして締めるのを「逆十字締」という。柔道では立ってこの状態になることはないが、柔術では立合で紅葉に締められるのを返す技法がよくあり、また、自ら紅葉に捕りにいって投げる技法もある。
　この締め方をなぜ紅葉と呼ぶかについては定説がない。

009

①敵は両手を交差して我の胸襟を掴んで締める。

Your opponent grabs your collar firmly crossing his hands.

②我は右手で敵の右手を掴み、左足を敵の左足横に出し、左腕を伸ばして敵の両腕の下に当てる。左肩で突き飛ばす。

Grasp your opponent's right hand with your right hand. Place your left foot next to your opponent's left foot. Stretch your left arm and place it under your opponent's arms. Thrust your opponent away using your left shoulder.

初伝逆投

初伝逆投七本目

甲手返
Kotegaeshi

突きに対し、体変換して小手を返し、引き倒して固める技法

　敵の突きを捌くとき、右足を退いて、一重身になり、体のすれすれの位置で受け流す。敵の右拳を掴むときは、直接掴もうとせず、左手で敵の腕を覆うように押さえるとうまく掴むことができる。右手の補助を入れたら、すぐに小手を返しながら右足で金的を蹴り込む。この蹴り当てはタイミングによって入れなくてもよい場合もある。小手を返して転身するとき、正中線を傾けないように捌く。受は合気道のように宙を舞う必要はない。また、我は敵が宙に浮くことのないように引き手を強くし、投げた後、直ちに固め技に移る。固め技は数種あるが、本形においては、両手を小手から離さず、敵の腕を伸ばしきって自分の膝下に敵の肘部を当てる方法を用いる。

【要　点】

　柔術の隔離攻撃に対する捌きは、敵から離れるために行うのではなく、敵に接近するために行うのが本目である。だから敵の攻撃は紙一重で捌き、受けから攻撃への移行は迅速に行う。決して大きく移動してはならない。敵の小手は我の腹部の前、すなわち中丹田の位置で返すよう心掛けて稽古する。

初伝逆投

①敵は右足を出し、右拳で我の水月（みぞおち）を突く。

Your opponent moves forward from his right leg and attempts to hit you in the solar plexus with his right fist.

②我は右足を退き、両手で敵の拳を掴む。

Step back with your right leg and grab your opponent's fist with both hands.

③右足、左足と右方に転身し、敵の小手を返す。

Move to the right from your right leg, then to your left leg, and apply a kotegaeshi to your opponent.

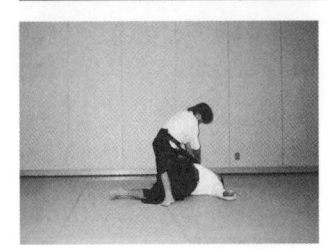

④そのまま引き倒して固める。

Pull your opponent forward to the ground and immobilize him.

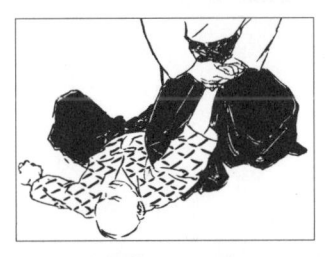

第五章　柔術の形

初伝逆投 八本目
打込返
Uchikomigaeshi

打込に対して体変換により腕を屈曲させ、投げ落とす技法

　敵の打込みと同時に我は右足、左手、右手が動かなければならない。右掌による当身は手刀で耳裏の急所、独鈷を打つこともできる。次に掴んだ敵の右手を下に回すと同時に左足を進める。このとき、自分の左腕と敵の右腕が密着していることが重要である。転身する際には敵の体の向きが変わらないように縦平面に沿って腕を返す。基本的な部分は「四方投」（初伝逆投一本目）と同じである。

【要　点】
　決して形が中断してはならない。敵の打ち込む力を巧みに用いるのが日本柔術の妙である。体変換をしたときに、しっかりと敵の肘が屈曲していることがこの形の死活を左右する。最近のある流儀では敵の肘を伸ばした状態で投げているが、この形の原理を知らないための変質であろう。背中から投げ落とすところに四方投系の技の特徴がある。

①敵は右足を出し、右拳で我の眉間を打つ。

Your opponent moves forward from the right leg and attempts to strike you with his right fist in the middle of the forehead.

②我は右足を右前方に進め、左手で敵の右拳を受けて掴み、右拳で顔面を当てる。

Move your right leg forward to the right, block and hold your opponent's right fist with your left hand and strike his face with your right fist.

③我は左足を敵の左足横に進め、敵の右腕を反時計回りに回して、その下を潜って外回りに変転する。

Place your left foot next to your opponent's left foot. Turn your opponent's right arm in an anti-clockwise direction. Pass under his arm turning toward the outside.

④そのまま仰向け投げ落として固める。

Throw your opponent down on his back and immobilize.

初伝逆投

第五章 柔術の形

初伝逆投九本目
十字投
Jujinage

体変換して敵の腕を十字に組み、突き飛ばす技法

　後両手取(うしろりょうてどり)の場合、逆取・逆投を問わず、両手を前に差し出すときの角度や方向、位置が極めて重要になる。敵の握力が死ぬ時点で、しかも敵の手が自分から離れないところで素早く転身して技を掛ける。柔術で、「掛ける時機」「動く時機」はより多くの形を長期にわたって履修することで自ずから体得できるようになる。これは"自覚"が必要であり、自覚がないと形が変わった場合に応用が効かなくなる。もちろん、自覚を促すために指導者の助言は必要不可欠であるが、重要なのは一にも二にも稽古をすることである。

【要　点】

　転身して敵の腕を十字に組むとき、深く肘(ひじ)上で両腕が交差するように入っていく。その時点で敵の体勢が崩れていることが肝要であり、一気に体当りをするつもりで投げ出す。十字に組む時点で敵の体勢が崩れなければ投げを掛けても敵は倒れず、後方へ退いてしまう。敵は投げられたすぐに十字を解いて両腕を広げ、受身(うけみ)を取らなければならない。この投げ技は非常に迅速なため、特に初心者は受けで後頭部を打たないよう注意が必要である。

初伝逆投

①敵は我の後方より両手で我の両手首を掴む。
　Your opponent grabs your wrists from behind.

②我は右手を上げ、後方に転身する。
　Lift your right hand and turn back.

③我は両手で敵の両手首を取り返し、敵の両腕を交差させ、右足を敵の左足横に進める。
　Grasp your opponent's wrists with both hands crossing his arms and place your right foot next to your opponent's left foot.

④そのまま両手で突き飛ばす。
　Thrust your opponent away using both hands.

161

初伝逆投十本目

小葉返
Kobagaeshi

後締めを脱け、小手を返して引き倒し、固める技法

　小手返系の一風変わった取口の形である。両肘を張って脱したときが、この形の死活を左右する。すなわち、いかに合理的に敵の右小手を取れるかが、最大のポイントである。小手を取る際の足捌きは二通りある。一つは左足を進めて左手で取る方法、もう一つは右足を抜いて左手で小手を取る方法である。形としては後者の方法を用いたほうが足捌きがうまくいくが、初心者には足を抜く方法はなかなか困難である。

　投げる際、前者の場合は一度進めた左足を再度退いて投げるが、後者の場合は右足・左足ときれいに足捌きができる。

【要　点】

　投げるときには敵の肘が屈曲しないようにする。小手返系の技法なので、関節を決める部分はあくまでも手首である。敵が自分の右腕を越えて宙を舞う受身は、小手返系の技からは外れる方法である。

第五章　柔術の形

初伝逆投

①敵は後方より両腕で、我の両腕共に体を締める。

Your opponent holds his arms tightly around your arms from behind.

②我は両肘を張って脱し、左肘で敵の水月（みぞおち）に当身を入れ、左足を出して後方に向き、左手で敵の右小手を掴む。

Try to lift your elbows to the sides and strike your opponent's solar plexus with your left elbow. Turn back with your left leg and grasp your opponent's right wrist with your left hand from the top.

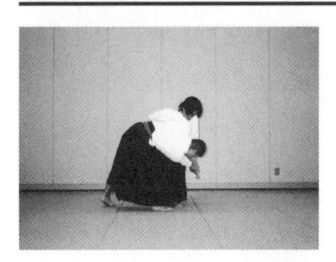

③我は左足を右足を軸にして大きく退き、右手を左手に添えて敵の小手を返す。

Make a big step back with your left leg supporting your body with your right leg. Use both hands to apply a kotegaeshi to your opponent.

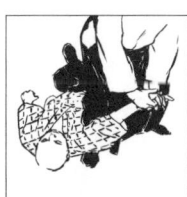

④投げたら固め技に移る。

Use an immobilization technique when your opponent is on the ground.

中伝逆取一本目

乳母車
Ubaguruma

腕を背固めにし、立ったまま決める技法

　右手の挙げと同時に右足を進め、左肘(ひだりひじ)当てを行う。次に右手で敵の左手首を掴み返すとき、敵の腕を掴まれたまま下に回し、右手を筈(はず)にして真下で外した瞬間に掴む。素早く敵の背後に回り、左腕を屈曲させて背に固める。背固めにした敵の腕を我が右腿の上に乗せれば、敵は自らの体重が腕に掛かって腕が抜けなくなる。その体勢で数歩押し歩けば"乳母車(うばぐるま)"になる。連行した後は、我がサッと退いて敵に後方受身(うけみ)をさせるか、左腕で首を強く押してやって立たせてやる。本来は早縄を掛けて連行するための形である。

【要　点】

　腕の取り返しをスムーズに止まらずに行うことが肝要である。この形においても正中線(せいちゅうせん)は絶対に傾けてはならない。また、腕の背固めは深く掛けないと外れてしまうので要注意。捕縄がない場合には徒手(としゅ)で連行するための立固めの方法が数種ある。

中伝逆取

①敵は左足を出し、左手で我の右手首を掴む。

Your opponent moves forward from his left leg and grabs your right wrist with his left hand.

②我は右足を敵の左足横に進め、掴まれている右手を上げて、左肘で敵の左乳下を当てる。

Place your right foot next to your opponent's left foot. Lift your right hand, which is held by your opponent, and strike him under his left breast with your left elbow.

③我は左足を敵の左足後方に進め、敵の右腕下を潜り抜け、右手で敵の左手首を取り返し、左腕を背に固め、左手で敵の後襟を掴んで立ち固めにする。

Place your left foot behind your opponent's left foot. Pass under his right arm. Grasp his left wrist with your right hand and hold his left arm behind his back. With your left hand, hold his collar from behind so as to immobilize him in a standing position.

第五章 柔術の形

中伝逆取二本目
両手取
Ryotedori

前方から腕逆を掛け、引き倒して固める技法

　左手を外から返して、その手首を左胸に固定するとき、敵の腕を十分に捻って敵の肘が上を向くようにする。次に当身を入れたら、すぐに右足を進め、右肘を敵の右肘に乗せる。この時、敵の肘が上になっていないと逆が掛からないので要注意である。引き倒す際には一度真下に落とす心持ちで敵を崩し、一気に手前に引き込んで押さえ込む。引き込む際、右肘を敵の肘に当てたまま、前腕を擦り落とすようにして右手で肘を取る。固めは右膝を肘または肩に乗せて押さえ、左膝は立てる。

【要　点】
　敵の腕の返しと、前に崩す角度がこの形のポイントである。敵の肘上に我の肘を乗せて落とすのは、前から敵の腕の逆を取って引き落とす場合、手で落としたのでは敵の腕に力が乗らず、技が掛からないからである。肘であれば敵の腕に我の体重を十分に乗せることができる。古人の知恵である。

中伝逆取

①敵は右足を出し、両手で我の両手首を掴む。

Your opponent steps forward with his right leg and grabs both of your wrists.

②我は左手を外より返し、敵の右手の甲を我の左胸に固定し、右手を抜いて敵の右霞に当てる。

Lift your left hand away from your body. Place the back of your opponent's right hand on your left breast. Break the opponent's grip on your right hand and use it to strike his right temple.

③我は右肘を敵の右肘上に掛ける。

Put your right elbow on your opponent's right elbow.

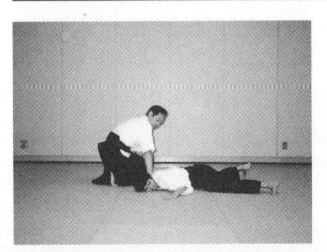

④そのまま引き倒して固める。

Pull your opponent forward to the ground and immobilize him.

中伝逆取三本目

諸手捕
Morotedori

両手で敵の両手を取り、並立して右腕逆を決め、連行する技法

敵の体に密着するよう深く入り、しっかりと敵の右腕の肘逆(ひじぎゃく)を取る。表形(おもてがた)としては連行した時点で別れて終わるが、多くの発展技法がある。連行するときには敵が爪先立ちになるように引っ立てることが肝要である。

閑話休題

七里引(しちりびき)のこと

初伝逆取三本目に「七里引」という名称の形がある。そして本項の中伝逆取三本目「諸手捕(もろてどり)」も七里引と同類の技法である。片腕を逆に取って引っ立て(ひきたて)連行する技法を古来より「七里引」とか「引立」とか称して、およそどのような流儀にもこの技法は見られる。渋川一流柔術(しぶかわいちりゅう)では「浪人捕(ろうにんどり)」という。七里引とはどういう意味なのだろう。著者は次のように解釈している。

江戸時代に尾張(おわり)と紀州(きしゅう)の徳川家が江戸から国許への急使に備え、東海道筋の七里(約28km)ごとに"七里継宿"を置いた。要するに人が一度に歩ける距離が七里である。七里引とはすなわち歩くのと同様にどこまでも連行できる技という意味である。

010

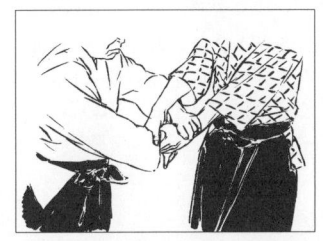

中伝逆取

①敵は両手で我の右手首を掴む。
Your opponent grabs your right wrist with both hands.

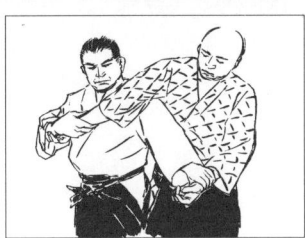

②我は左足、右足と進めて敵の右横に並立し、右手を返して敵の右手首を掴み、我の胸元に引き込み、左手で敵の左手首を掴んで押し外し、我の左肩を敵の右脇に押し当て、敵の右肘の逆を取って連行する。

Move forward from your left leg, then to your right leg, so as to stand on your opponent's right side. Turn your right hand and grab your opponent's right wrist. Pull him towards you. Grab his left wrist and push it away with your left hand. Press your left shoulder against your opponent's right side. Use leverage on his right arm to immobilize him in a standing position.

第五章 柔術の形

中伝逆取四本目
巻込
Makikomi

両腕を右脇に巻き、突き倒して固める技法

　敵に片手で胸や袖を掴まれたときには、もう一方の手の動きに注意をはらうことが大切である。この形の場合には左手で袖を掴んだ後、続けて右手で胸襟を掴みにくるのを右手で払い上げるのである。この敵の右手は突手にくらべて速度が遅いので、十分に反応することができる。続いて右腕で敵の両腕を巻き込むときには脇に深く締めるように巻く。巻きが浅いと敵の腕が抜けてしまって技にならなくなる。締めは鉈掛けにする。左足を進めるときは正中線を保持して前に出ていき、左足で敵の左足を刈りながら、右掌で脇を打って倒す。この脇当ては省略されることもある。その場合には左手を筈にして咽喉を押す。

【要　点】
　敵が倒れるときに敵の腕がすっぽ抜けることがあるので、体を預けるように密着したまま締めに移行する。固めるときには体を十分に捻って締めを強力にする。

中伝逆取

①敵は左足を出し、左手で我の右袖下を掴む。
Your opponent steps forward with his left leg and grasps your right sleeve with his left hand.

②敵がさらに右手で胸襟を掴みにくるのを我は右腕で払い上げる。
Your opponent attempts to grasp your collar with his right hand. Block with your right arm.

③我はそのまま右腕で敵の両腕を右脇に巻き込む。
Continue your movement by rolling up your right arm around your opponent's arms along your right side.

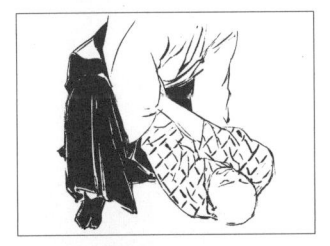

④我は左掌で敵の右脇腹を打って倒し、左手は敵の咽喉を締め、敵の両腕逆を取って固める。
Strike your opponent on the right flank with your left palm to make him fall. Hold your opponent's throat with your left hand. Immobilize him using leverage on both of his arms.

171

中伝逆取五本目

巻留
Makidome

左腕を右脇に巻き、突き倒して固める技法

　前条「巻込（まきこみ）」（中伝逆取四本目）の類技である。右手で敵が胸襟を掴（つか）んだ瞬間、我は敵の左手と両足に注意を傾ける。敵が面を打つので我は速やかに応じ、受け止める。敵の左腕を右脇に巻いて締めるとき、「巻込」のように深く巻く必要はない。深く巻きすぎると、我の体が敵に近づきすぎて、次の動作への移行に都合が悪い。脇で手首を締めて肘逆（ひじぎゃく）を決めるのがよい。敵の右手が外れない場合は無視してもよい。但し、敵は右手を外さなければ倒れる際に羽打ちの受身（うけみ）ができない。左足を踏み込んで敵の左足を刈るのと同時に左手を筈（はず）にして咽喉（いんこう）に当て、正中線（せいちゅうせん）を崩さず、全身で敵を崩す。

【要　点】
　敵が胸襟を掴んできたときの第二攻撃はお決まりの数手しか存在しないため、これに慣れてすぐに対応できるようにすることが肝要である。

中伝逆取

①敵は右足を出し、右手で我の胸襟を掴む。

Your opponent moves forward from his right leg and grasp your collar with his right hand.

②敵がさらに左手で打ち掛かるのを我は右手で受け止め、左手は敵の右手首を下から掴む。

Continuing his attack, your opponent attempts to strike you with his left hand. Block with your right hand and grab your opponent's right wrist from below with your left hand.

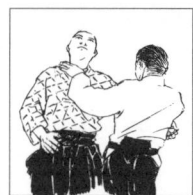

③我は左手で敵の右腕を外し、左手で敵の腕を右脇に巻き込む。

Break your opponent's grip on your collar with your left hand and roll up your left arm around your opponent's left arm along your right side.

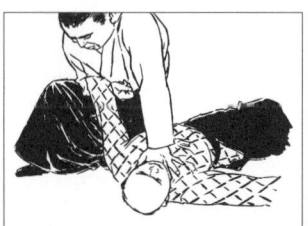

④我は左手を喉輪にして、左足を敵の左に踏み込み、引き倒してそのまま固める。

Attack your opponent's throat with your left hand. Place your left leg on your opponent's left. Throw him to the ground and immobilize.

第五章 柔術の形

中伝逆取六本目
綾詰
Ayazume

右手刀で鎖骨を切り落として固める技法

　左手で敵の右手を掴むのは敵の締手を緩める意味と、次に掛ける技の支点をつくる意味をもつ。手刀で鎖骨を押す際、指先を下げるように当てる。敵は激痛を伴い、体勢が腰から崩れていくので、そのまま押し込んで倒す。強力にしすぎると鎖骨が折れることもあるので要注意。形稽古であるので、敵が痛みを感じて重心が崩れれば、それでよしとする。
　崩しに入る際、この形でも正中線が傾かないよう心掛ける。

【要　点】
　手刀を一気に切り落とさないと、敵は後退りして倒れなくなってしますため、落とす角度とスピードを心得ておくことが肝要である。

中伝逆取

①敵は右足を出し、両手を交差して我の胸襟を十字に締める。

Your opponent steps forward with his right leg and grabs your collar firmly crossing his hands.

②我は左手で敵の右手を掴み、右足を敵の右足の横に進め、右手刀で敵の右鎖骨の上を切り落とす。

Grab your opponent's right hand with your left hand. Place your right foot next to your opponent's right foot. Strike your opponent's collarbone with the side of your right hand.

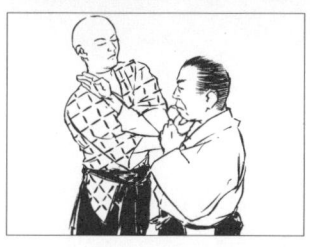

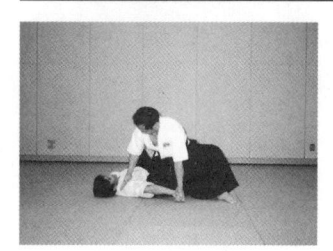

③そのまま仰向けに倒して、敵の右腕の逆を取って押さえ込む。

Throw your opponent down on his back and immobilize him using leverage on his right arm.

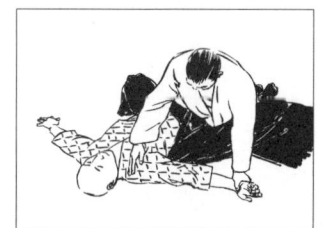

第五章 柔術の形

中伝逆取七本目
切手取
Kiritedori

右腕を引き倒し、腕逆を取って固める技法

　体捌きの際に左足を大きく退きすぎないように注意する。左足は右足の真後ろのあたりがちょうど良く、敵の突きも体に接触するくらいの位置で受け流す。両手で敵の突き手を挟みつけるのを瞬時に行わなければならない。右手刀は敵の右前腕の橈骨を強圧する。この形は敵が突いてくる勢いを利用して引き倒すので、以上の動作は一瞬に行われる。引き倒したら、その勢いのまま、敵が横向きになるよう腕を押し込む。

【要　点】
　敵を引き倒すとき、敵の拳は下丹田から離さず、我の正中線を軸にして引き込む。押さえ込むとき、右膝でしっかりと肩を押し込まないと右肘の逆が掛からないので要注意である。

中伝逆取

①敵は右足を出し、右拳で我の水月（みぞおち）を突く。

Your opponent moves forward from his right leg and attempts to strike your solar plexus with his right fist.

②我は左足を引いて体を捌き、左手で下から敵の右拳を掴み、右手刀で敵の右手首を切る。

Step back with your left leg (tai sabaki) and block your opponent's right fist from below with your left hand. Hit your opponent's right wrist with the side of your right hand.

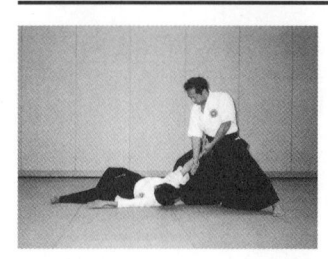

③そのまま引き倒す。

Pull your opponent forward to the ground.

④右腕を前方へ押し出し、右手で敵の右肘を押し、右膝を敵の肩口に当てて固める。

Push your right arm forward. Press your opponent's right elbow with your right hand. Place your right knee on your opponent's shoulder and immobilize.

中伝逆取八本目

山陰
Yamakage

手首逆を取って引き倒し、腕を屈曲して固める技法

　十字に受け止めるのと右蹴り当てを同時に行うので、体のバランスが崩れないように稽古する。両手の交差を解きながら花が咲くように手首をつけたまま両掌を広げ、そこで手首を止めたまま、一気に真下に引き落とす。この形では敵の腕を引き込んではならない。腕を落としたら、そのまま前腕を床に垂直に立て、小手を屈曲して固める。引き落とす際、敵が仰向けにならないよう稽古で繰り返して、その感覚を覚える。

【要　点】
　受けて待つという気持ちではなく、自分から進んで受けに入る気持ちで蹴り当てを行う。敵が万一、仰向けになった場合には、体変換して右手で咽喉を締める。

中伝逆取

①敵は右足を出し、右拳で我の眉間に打ち込む。
　Your opponent moves forward from the right leg and attempts to strike you with his right fist in the middle of the forehead.

②我は両手を交差して敵の右拳を受け止め、右足で敵の右脇腹を蹴る。
　Block his right fist by crossing your hands and kick your opponent's right flank with your right foot.

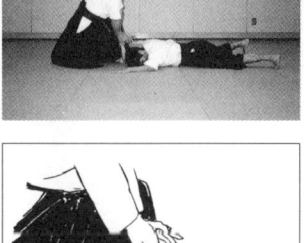

③我は両手の交差を解いてそのまま両手で敵の右拳を掴み、右足、左足と引いて敵を引き落とし、敵の前腕を立てて固める。
　Uncross your hands and hold your opponent's right fist with them. Step back with your right leg, followed by your left leg, and pull your opponent forward to the ground. Hold his forearms straight and immobilize.

第五章　柔術の形

中伝逆取九本目
後引違
Ushirohikichigai

後方の敵を前に引き出し、倒して腕固めにする技法

　我が左手で敵の右手首を掴み、右肘で敵の左胸を当てるまでは迅速に行わなければならない。この左胸を当てる意味は、もちろん当身としての打撃効果もあるが、敵の体を開かせるためのものである。敵の体が開くと同時に右足で敵の右足を刈り、右手を喉輪にして左手を強く引く。この形を演じるにあたっては敵と我、両者の動作が少しも止まることなく、流れの中で技を移行させていくことが肝要である。
　敵を仰向けにして肘逆を取るときには、我の膝を敵の肩の下に十分に入れ、敵の肘が我の大腿部に掛かるようにするのがよい。

【要　点】
　後両手取の形は手を前に出しすぎると敵の手が放れてしまうため、敵の掴み手が緩まないように挙げるのがポイントである。体変換する際、敵から離れてしまうと、右足で敵の右足を刈ることができなくなってしまうので、自分の位置に十分気をはらって技を掛けるようにする。

中伝逆取

①敵は我の後方より両手で我の両手首を掴む。
Your opponent grabs both of your wrists from behind.

②我は腰を落として両手を前に伸ばす。
Squat slightly and stretch both hands forward.

③我は左手で敵の右手首を掴み、右肘で敵の左胸を当てる。
Grab your opponent's right wrist with your left hand and strike his left breast with your right elbow.

④我は右足で敵の右足を刈り、右手を喉輪にして固める。
Sweep your opponent's right leg with your right foot. Hold your opponent's throat and immobilize.

中伝逆取十本目

返落
Kaeriotoshi

右腕を左肩に掛け、腕固めにする技法

　敵の両腕による締めを脱して左肘で当てを入れるとき、敵の右腕が我の体から離れぬよう、右手で固定しておく。敵の腕が我の左肩に乗らないとこの形は成立しない。敵の右脇に抜けて、我の左腕が敵の肘に掛かったら、右手で自分の左手を掴み強く引き込む。

【要　点】
　柔術の形全般にいえることであるが、取り方に「隙」が生じてはならない。この形も流れが中断すると、敵の腕はすっぽり抜けて技にならない。また、敵との位置関係には常に近すぎず、遠すぎず、これが正確に技を掛ける要訣である。

中伝逆取

①敵は我の後方より両手で我の両腕とも抱え込む。

Your opponent holds his arms tightly around your arms from behind.

②我は両肘を張り、腰を落として脱け、左肘で敵の水月（みぞおち）を当て、左腕を敵の右腕に外から回して掛け、右手で我の左手首を掴む。

Try to lift your elbows to the sides, squat and strike your opponent's solar plexus with your left elbow. Place your left arm on your opponent's right arm from the outside.

Grasp your left wrist with your right hand.

③敵の腕を左肩に掛けたまま、左膝を着いて引き込み、敵の右肘の逆をとる。

Place your opponent's arms on your left shoulder. Kneel on your left knee and pull your opponent forward. Use leverage on your opponent's right arm and immobilize.

中伝逆投一本目

水車
Mizuguruma

脇を抜け、腕逆を掛けて投げ出す技法

「乳母車(うばぐるま)」(中伝逆取一本目)における投技である。敵の腕下を潜り抜けたら敵の左腕を取り返し、肘逆(ひじぎゃく)が掛かった状態で肩逆を掛け、腕が床に垂直の角度になるようにして投げ飛ばす。受身(うけみ)は足裏受身か回転受身を用いる。足裏受身を行う場合には敵を飛ばさず、定位置のまま丸く巻いて投げる。回転受身の場合は、腕逆が掛かっているため、我は押し出すように投げ出し、巻かない。敵は右手を十分に床に着けて回転する。合気道(あいきどう)にも回転投げという同種の技がある。

【要 点】

敵の腕下を潜り抜けた後、我の右手は止まらず投げまで一気に回していく。その際、左手も同様に巻いて落とす。巻き落としの場合には締め技に移行する。

第五章　柔術の形

中伝逆投

① 敵は左足を出し、左手で我の右手首を掴む。

Your opponent steps forward with his left leg and grabs your right wrist with his left hand.

② 我は右手を上げて右足を敵の左足横に出し、左肘で敵の左脇腹に当てを入れる。

Raise your right hand and place your right foot next to your opponent's left foot. Strike your opponent's left flank with your left elbow.

③ 我は左足を進めて敵の左腕下をくぐり抜け、右手を下に回して敵の左手首を掴み、左手刀を敵の首に当てる。

Move your left leg forward and pass under your opponent's left arm. Lower your right hand and grab your opponent's left wrist. Strike your opponent's neck with the side of your left hand.

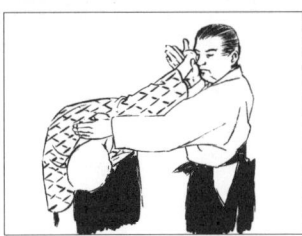

第五章 柔術の形

中伝逆投二本目
腰車
Koshiguruma

両手を掴み、腰に乗せて前に投げ落とす技法

　両手を掴まれた場合の当身は抜き手によって行うか、あるいは足当てとなる。しかし、この形の場合、足当てを行うと敵の体が沈んでしまい、かえって投げに入りにくくなる。したがって基本的には当身を用いない。抜き手をしながら掴み返し、腰を十分に入れ、敵を背に十文字になるように乗せて、一気に投げ出す。腰のはねと両手の強い引き込みがこの形の死活ポイントとなる。

【要　点】
　腰の入りが浅いと敵を浮かせることができず、投げが崩れてしまう。また、大きく一気に投げないと敵が頭から落下する恐れがあるので要注意である。

中伝逆投

①敵は右足を出し、両手で我の両手首を掴む。

Your opponent moves forward from his right leg and grabs both of your wrists.

②我は左足、右足と進めて敵に背を向け、両手を上げながら敵の両手首を取り返し、腰を入れる。

Move your left leg, then your right leg, forward and turn your back on your opponent.

Raise both hands and grab back your opponent's wrists. Squat slightly preparing to throw.

③敵を腰に乗せて前に投げ出す。

Throw your opponent over your back.

中伝逆投三本目

合気投
Aikinage

右腕を返しながら、後方へ投げ倒す技法

　右手で一度下を突くように伸ばすのは、入身（いりみ）して倒すときに敵が後方に退けなくするためである。下に突くことによって敵の重心が前方に崩れるため、一気に後方へ反り返す際に重心の移動ができなくなり、敵は動けなくなる。また、我は敵を倒す際に、正中線（せいちゅうせん）を真っ直ぐ維持しないと形が崩れるので要注意である。よく稽古をして崩しと投げのタイミングを体得することが肝要である。

【要　点】

　投げる際、自分の体が伸びてしまって重心を崩す例が多い。下丹田（げたんでん）（へそ下）にしっかり力を込めて丸く柔らかく投げ落とすことが重要である。

中伝逆投

①敵は左足を出し、両手で我の右手首を摑む。
　Your opponent moves forward from his left leg and grabs your right wrist with both hands.

②我は右足を敵の背後に進め、右手を一度真下に伸ばしてから、巻くようにして敵の首に当てる。
　Step forward placing your right foot behind your opponent. Stretch your right arm toward the ground, then strike your opponent's neck with your right hand in a rolling movement.

③そのまま後方に投げ落とす。
　Make your opponent fall on his back.

中伝逆投四本目

袖落
Sodeotoshi

腕を巻き込み、そのまま後方へ投げ捨てる技法

　技法の原理は前条「合気投」(あいきなげ)（中伝逆投三本目）に同じである。右手を外から回すとき、敵の掌を外曲(がいきょく)させるように挟(はさ)んで引き付ける。この引き付けも前条と同様に敵を崩すためのものであり、次の倒し技に対して敵が逃れることができないようにするためのものである。引き付けてから倒すまで我の右腕は敵に密着していることが肝要である。

【要　点】

　「合気投」に同じ。投げる際、自分の体が伸びてしまって重心を崩す例が多い。下丹田(げたんでん)（へそ下）にしっかり力を込めて丸く柔らかく投げ落とすことが重要である。

中伝逆投

①敵は左手で我の右袖を掴む。
Your opponent grasps your right sleeve with his left hand.

②我は左足を引いて、右手を外から回して敵の左肘を落とし、体勢を崩す。
Step back with your left leg. Turn your right hand toward the outside, thus pulling your opponent's left elbow and making him lose balance.

③我は右手を敵の首前に伸ばす。
Straighten your right hand toward your opponent's neck.

④そのまま後方に投げ落とす。
Make your opponent fall on his back.

中伝逆投五本目

衣投
Koromonage

第五章　柔術の形

右手で左袖を取って巻き投げにする技法

　敵の右手に力が入っている場合は、当身を入れるか、肘で打ち落とすかして外すとよい。それでも外れない場合は掴ませたままで入っても構わない。しかし、その場合は違う取口になるので、別の投げ方を稽古する必要がある。敵の左腕下に入るとき、右手で掴んだ敵の左袖は高く引き上げる。転身したら、大きく前に引き出してからすくい上げるようにして丸く投げ出す。遠くへ投げ出された場合の受身は回転受身を、その場で巻き投げに落とされた場合には足裏受身を取る。

【要　点】
　どの形でも同じであるが、片膝立ちの状態になったときには、必ず膝の着いている方の爪先は立っていなければならない。これはあらゆる武術の大原則であり、爪立にしない場合（足の甲を床に着けている）には"死足"と称して、武術では厳禁事項である。伝統武術にはこうした大原則がいくつもあり、技法が正しく伝授されているかどうかは、こうした大原則が守られているかを見れば一目瞭然である。

中伝逆投

①敵は右手で我の胸襟を掴む。
　Your opponent grasps your collar with his right hand.

②我は左手で敵の右手首を掴んで、捻って外し、右手で敵の左袖を掴んで引き上げる。
　Grab your opponent's right wrist with your left hand, twist it, then release your grip.
　Grasp your opponent's left sleeve with your right hand and lift it.

③我は敵の左横に片膝を着いて並ぶ。
　Kneel on one knee on your opponent's left side.

④大きく前に投げ出す。
　Throw your opponent far forward.

第五章 柔術の形

中伝逆投六本目
引廻
Hikimawashi

襟締めを振り解いて引き倒し、固める技法

最初に襟締めを殺すための複雑な手法を用いる。まず最初に、右手で敵の左肘(ひだりひじ)を内側に押すことによって十字締が解ける。次に左手で敵の左襟を掴(つか)んで一度十字締に入る。続いて右手で敵の右手を掴み、右肘を張りながら左足を敵の左足に掛けて倒し、そのまま固める。左手は襟から放し、喉輪(のどわ)にする。

この形に見られる持ち替え技法は、一見複雑で無駄のような手法に感じられるが、慣れるにしたがい、合理性が体得でき、崩しの理を学ぶのには絶好の形であることがわかるようになる。

【要　点】
複雑な手法を用いるため、頭で考えていたのでは脱することができない。手法が連続して自然な動きで取れるよう心掛けたい。

中伝逆投

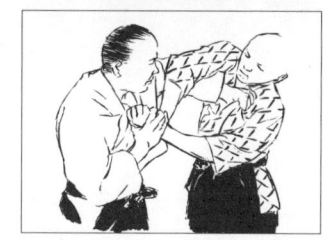

①敵は両腕を交差して我の両胸襟を掴む。我は右手で敵の左肘を内側に押し、敵の右胸襟を掴む。

Your opponent grasps your collar on both sides with his arms crossed. Press your right hand on the inner part of your opponent's left elbow and grasp the right side of his collar.

②我は左手で敵の左胸襟を掴み、右手で敵の右手を掴んで肘を張り、左足を敵の左足横に進める。

Grasp your opponent's collar on the left side with your left hand. Grab your opponent's right hand with your right hand. Try to lift your elbows to the sides away from your body. Place your left foot next to your opponent's left foot.

③そのまま押し倒し、敵の右肘の逆をとって固める。

Push your opponent forward. Use leverage on his right arm to immobilize.

中伝逆投七本目

拳砕
Kobushikudaki

突きに対して手首を折って引き倒し、小手固めにする技法

　単純な形であるが、なかなか高度な理合(りあい)を含んだ形でもある。敵の右拳が伸びた状態で我は体を退いて、正中線(せいちゅうせん)に目の高さまで上げて受ける。続いて敵の右腕・体共伸び切るように一気に引き落とす。形の表現上はそのまま敵を俯(うつぶ)せに倒し、その前腕を床に着けて、小手を内曲(ないきょく)に固める。この形が分類上、投げ技に位置しているのは、強力に引き付けた場合に、敵が一瞬、宙に舞うからであり、仰(あお)向けに落ちるからである。同種の技が仙台藩伝浅山一伝流(あさやまいちでんりゅう)や荒木新流(あらきしんりゅう)、竹内流(たけのうちりゅう)などにも見られる。

【要　点】

　敵の右手を上げて受けるとき、目の高さより高く上げないこと。我に隙が生じるうえ、技を返されてしまう。

中伝逆投

①敵は右拳で我の水月（みぞおち）を突く。
　Your opponent attempts to strike your solar plexus with his right fist.

②我は左足を引き、両手ですくい上げるように受ける。
　Step back with your left leg. Block and lift your opponent's right fist with both hands.

③右足を引き、一気に下に引き落として、そのまま手首折に固める。
　Move your right leg back and pull your opponent forward in one breath. Fold your opponent's wrist to immobilize.

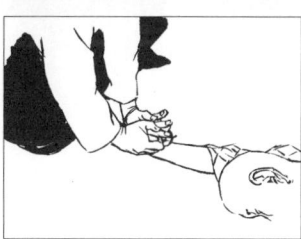

中伝逆投八本目

刈捨
Karisute

引き込む力を使って、後方へ投げ捨てる技法

　この形は天神真楊流から採用している。まず、この形における打ち込みの受け方は、他の類技とは少し違っている。すなわち、がっちりと受け止めるのではなく、受け止めたら、そのまま腰を落として敵の力を殺ぐように、我の右前腕を額前まで引き付ける。この方法を"なやす"という。そのまま足を踏み替えて体変換し、敵の右腕を腹前に引き付け、左手を敵の左肩に掛ける。一度、敵を前方に崩すのは「合気投」(中伝逆投三本目)や「袖落」(中伝逆投四本目)と同じ理合によるためである。

【要　点】
　この形においても敵を後方へ投げ倒す際、我の重心をしっかり安定させておかないと、敵と共に倒れてしまうので、投げ捨てる感覚を稽古によって、よく体得されたい。

中伝逆投

①敵が右拳で打ち込むのを、我は左足を引いて右前腕で受け止める。

　Your opponent attempts to strike with his right fist. Step back with your left leg and block with your right forearm.

②我は左足を右足に揃え、さらに右足を引いて敵の右手を右腰に引き込み、左手を敵の左肩に掛ける。

　Move your left foot next to your right foot. Step back with your right leg. Pull your opponent's right hand toward your right hip and put your left hand on his left shoulder.

③両手と腰を使って一気に後方へ投げ捨てる。

　Using your hips and both hands, throw your opponent backwards in one breath.

中伝逆投九本目

山嵐
Yamaoroshi

両手で巻き投げにする技法

　両手を前方へ上げて体を落として抜けるとき、敵の掴（つか）み手が緩くならないように注意する。敵の掴み手が弱くなってしまうと、この技は掛からなくなってしまう。この形の原理は「衣投（ころもなげ）」（中伝逆投五本目）と同じである。抜けたら、一度両手を前方へ出すようにしてから、手前に丸く強く引き込んで投げ落とす。敵は両手を放して自ら受身（うけみ）を取らないと頭から床に激突するので、受けのタイミングを体得しなければならない。

【要　点】
　受身は我の投げ方によって足裏受身を取る場合と回転受身を取る場合とがある。稽古によってその感覚をよく体得されたい。

中伝逆投

① 敵は我の後方より両手で我の両手首を掴む。
　Your opponent grabs both of your wrists from behind.

② 我は両手を上げて敵の左側に抜ける。
　Raise your arms and move to your opponent's left side.

③ 我は右足を引いて膝を着き、大きく前方に巻いて投げる。
　Step back with your right leg, kneel down and throw your opponent over your shoulders.

中伝逆投十本目

後捕
Ushirodori

敵の前に折敷き、小股をはねて前に投げ落とす技法

　この形において我は動作を大きくすることは厳禁である。抜けるときも左肩を下げるように抜け、右肘は上にはね上げる。そのまま右膝を着いて体を沈め、素早く右手で胸襟を掴み、両手を車に回すようにして一拍子に投げ落とす。

【要　点】
　敵の下に沈み込むため、抜けはできるだけ体を縮めて落とす。左手は敵の左足の位置により、足首に掛けてはね上げてもよいし、場合によっては釣鐘（金的）を掴んで投げ落とすこともできる。

中伝逆投

①敵は我の後方より両腕で我の両腕ともに抱え込む。

　Your opponent holds his arms tightly around your arms from behind.

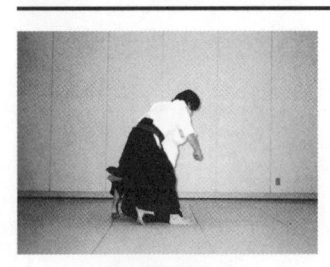

②我は後頭部で敵の顔面に当てを入れ、右肘を張って脱し、右膝を着き、右手で敵の胸襟を掴み、左手で敵の左股をすくい上げる。

　Strike your opponent's face with the back of your head. Lift your right elbow to break your opponent's hold. Kneel on your right knee. Grasp your opponent's collar with your right hand. Lift your opponent from the inside of his left thigh with your left hand.

③一気に前に投げ落とす。

　Throw your opponent to the ground in one breath.

第五章 柔術の形

奥伝逆取一本目
引違
Hikichigai

行違いに腕逆と襟締めを掛け、引き倒して固める技法

　この形だけは想定が異なり、行違いに敵が右手で我の右手を掴む仕掛けとなる。この後、敵は我の背後より技を掛けようとするのを、我は体変換して敵と並立し、引っ立てる。そのまま連行することも可能であるが、本形では後方へ引き倒す。倒しにくい場合には、左足で敵の右膝裏を蹴るとよい。敵を倒したら、左腕を張って逆締めに決める。

【要　点】
　奥伝の形における要点は道場稽古の際に口伝として授けられるため、本書においてはその解説を省略する。形の流れにより判断されたい。

奥伝逆取

①敵は我と行違いに右手で我の右手首を掴む。

Blocking your way, your opponent grabs your right wrist with his right hand.

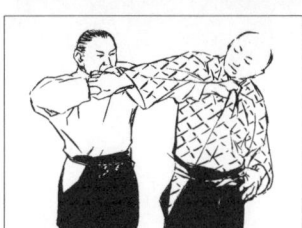

②我は右手を返して敵の右手首を掴み返し、左足を軸にして右足を引いて敵を並立し、左手を敵の右脇から差し込んで敵の左胸襟を掴む。

Turn your right hand so as to grab your opponent's right wrist. Step back with your right leg supporting your body on your left leg and stand next to your opponent. Move your left hand from your opponent's right side and grasp the left side of his collar with it.

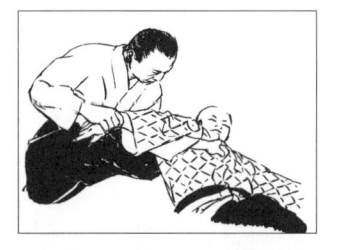

③そのまま後方に崩して、締めと逆を同時に掛ける。

Put your opponent off balance. Hold him tightly using leverage on his arm.

第五章　柔術の形

奥伝逆取二本目
呼吸
Kokyu

両手取(りょうてど)りに対して、左腕を背固めにする技法

　単純な形であるが、理合(りあい)をしっかり把握して取る必要がある。この形も本来は捕縄を掛けることになっている。当身(あてみ)を入れた後、敵を中心に素早く背後に回り込むことが必要で、左手で敵の左袖を掴(つか)んで下げ、それを支点にして腕を背に回す。腕の背固法は数種ある。

奥伝逆取

①敵は両手で我の両手首を掴む。
　Your opponent grabs both of your wrists.

②我は右足を敵の左足横に進め、左手で敵の顔面に当身を入れる。
　Move your right foot next to your opponent's left foot. Strike your opponent's face with your left hand.

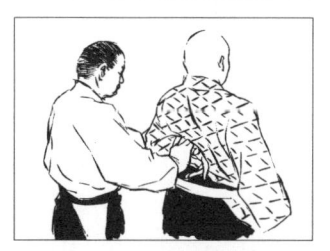

③我は右足を軸にして、左足を大きく後方に回し、敵の左腕を背固めにする。
　Make a big step backwards with your left leg pivoting on your right leg and hold your opponent's left arm behind his back.

第五章 柔術の形

奥伝逆取三本目
小手捌
Kotesabaki

体ごと倒れ込み、右腕を締めて固める技法

　右手刀で当身を入れた後、左手を引き、体当たりをする心持ちで右足を進め、敵の体を崩す。このとき、右足で敵の右足を刈ってもよい。倒れるときに、敵に密着したまま同体で倒れることが肝要である。倒したら右腕で敵の右上腕を巻き（「七里引」初伝逆取三本目）、敵の胸に背を乗せて固める。

奥伝逆取

①敵は両手で我の左手首を掴む。
　Your opponent grabs your left wrist with both hands.

②我は左手で敵の右手首を上から掴み返し、右手刀で敵の顔面に当てを入れる。
　Grab your opponent's right wrist with your left hand from above. Strike your opponent's face with the side of your right hand.

③我は右足を敵の右足後方に進め、左手を放さないように胸に付け、右腕を敵の右肩の上に伸ばす。
　Place your right foot behind your opponent's right foot. Press your left hand against your chest. Grasp your opponent's collar with your left hand and stretch your right arm over your opponent's right shoulder.

④我は敵に背を向けて同体で倒れ込み、敵の右腕を七里引で固める。
　Turn your back on your opponent and fall with him. Hold your opponent's right arm using the shichiribiki technique.

第五章 柔術の形

奥伝逆取四本目

畳折
Tatamiori

腕逆を取って打ち落とし、当てで止める技法

　右腕を外から回すときに、しっかりと敵の左手を固定していることが重要であり、我が右肘(みぎひじ)を落とすときには、敵の左肘の逆が掛かるように腕がしっかりと返っていなければならない。

奥伝逆取

①敵は左手で我の右袖を掴む。
　Your opponent grabs your right sleeve with his left hand.

②我は左手で敵の顔面に当てを入れ、左手で敵の左手を押さえ、右腕を外から回して敵の左腕に右肘を掛ける。
　Strike your opponent's face with your left hand. Hold your opponent's left hand with your left hand. Move your right arm to the outside and place your right elbow on your opponent's left arm.

③肘を下げて敵の左肘の逆をとり、右拳で敵の霞を当てる。
　Lower your elbow and use leverage on your opponent's left arm. Strike your opponent on the temple with your right fist.

第五章 柔術の形

奥伝逆取五本目
五月雨
Samidare

胸を掴む腕を肩に掛けて肘を折る技法

　この形は外側から入って肘逆を取り、その肘を折った時点で終了するが、演武法としてはいくつかの継続技法を持っている。まず第一法は、そのまま前に投げ出す技、第二法は敵の右腕下を敵の前に抜けて小手返を掛ける技、第三法は敵の腕を右肩に掛け替えて肩車に落とす技などである。

①敵は右手で我の胸襟を掴む。
Your opponent grabs your collar with his right hand.

②我は敵の右手首を両手で掴み、敵に背を向け、敵の腕を我の左肩に担いで肘逆を掛ける。
Grab your opponent's right wrist with both hands. Turn your back on your opponent. Place your opponent's arm on your left shoulder and use leverage on his arm.

第五章 柔術の形

奥伝逆取六本目
引込
Hikikomi

袖を掴んで引き倒し、腕逆を取って固める技法

　逆取に配しているが、入りは投技を用いる。一瞬のタイミングで投げ倒す。右足を引くのと、右手で敵の左袖を引くのと、左掌で脇腹を打つのを同時に行い、引き倒す。一拍子に行わないと技は決まらない。投げから、逆固めへは止まらず迅速に移行する。投げるときに丹田に力を込め、正中線を保ち、位取りをしっかり行う。

奥伝逆取

①敵は両腕を交差して我の両胸襟を十字に締める。

Your opponent firmly grabs both sides of your collar crossing his arms.

②我は右手で敵の左袖を掴んで引き、右足を引いて、左掌で敵の右脇腹を打つ。

Grasp and pull your opponent's left sleeve with your right hand. Step back with your right leg and strike your opponent's right flank with your left palm.

③仰向けに倒し、左手は喉輪、右手は敵の左手首を掴み、腕逆をとって固める。

Make your opponent fall on his back. Hold your opponent's throat with your left hand and his left wrist with your right hand. Immobilize using his arm for leverage.

第五章 柔術の形

奥伝逆取七本目
地獄詰
Jigokuzume

腕逆と襟締めを同時に掛けて固める技法

　この形も小手返と同様に体捌きを大きくしてはならない。体すれすれに受け流すと同時に当身を入れる。続いて胸襟を掴んで後方へ倒す。腕逆と襟締めを同時に掛けるので"地獄詰"の名称がある。我に胸襟を取られた瞬間に敵が逃れる"極楽投"がある。

奥伝逆取

①敵は右拳で我の水月（みぞおち）を突く。
Your opponent attempts to strike you in the solar plexus with his right fist.

②我は右足を引き、右手で上より敵の右手首を掴み、左拳で顔面を当てる。
Step back with your right leg and grab your opponent's right wrist from above. Strike him on the face with your left fist.

③我は左手で敵の左胸襟を掴む。
Grasp your opponent's collar on the left side with your left hand.

④我は左足で敵の右膝裏を蹴って倒し、締めと逆を同時に行う。
Make your opponent fall by kicking the back of his right knee with your left foot. Hold your opponent using his arm for leverage.

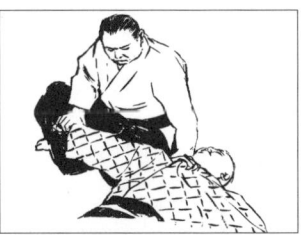

第五章　柔術の形

奥伝逆取八本目

松風
Matsukaze

腕逆を取って引き倒し、そのまま腕固めにする技法

　敵の打込を受けるのと同時に右足で脇腹を蹴る。この時、我は一本足立ちになるので体勢が崩れないように注意する。右足を引きながら腕を捻って肘逆を掛ける。そのまま引き倒して、固める形となるが、敵が倒れない場合には左足で敵の右足を払う。

奥伝逆取

①敵は右拳で我の眉間(みけん)を打つ。

Your opponent attempts to hit you in the middle of the forehead with his right fist.

②我は右手で敵の右手首を受けて掴(つか)み、左手を肘に当て、右足で脇腹を蹴る。

Block with your right hand and grab his right wrist. Place your left hand on your opponent's right elbow and kick him in the side with your right foot.

③我は右足を引き、敵の右腕の逆をとって引き込む。

Step back with your right leg and pull your opponent forward using his arm for leverage.

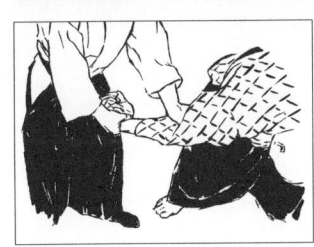

④そのまま押さえつけ、腕逆にとって固める。

Immobilize by controlling your opponent's arm.

219

第五章　柔術の形

奥伝逆取九本目

後屏風
Ushirobyobu

並立して後方へ倒し、締めと逆を同時に掛ける技法

　敵を屏風に見立てて、それを倒す技法である。手を上げるのと足を引くタイミング、抜けて蹴り倒すタイミングと趣きは独特である。敵に密着するようにして抜け、倒したときには締めに入っているように取る。

奥伝逆取

①敵は後方より両手で我の両手首を掴む。
　Your opponent grabs both of your wrists from behind.

②我は両手を上げ、右足を引く。
　Raise both arms and step back with your right leg.

③我は敵の右に抜けて敵の右肘を決め、左足で敵の右膝裏を蹴って倒す。
　Move to your opponent's right side and hold his right elbow. Make your opponent fall by kicking the inside of his right knee with your left foot.

④そのまま逆と締めを同時に掛ける。
　Immobilize by controlling your opponent's arm.

第五章　柔術の形

奥伝逆取十本目

後詰
Ushirozume

両足の間から足を引き込み、捻(ひね)って固める技法

　この形においては敵の締めから脱する前に、完全に敵の攻撃意識を殺しておかなければならない。そして、敵の足を掴(つか)みにゆく動作は迅速を要する。ここで動作が一瞬たりとも静止してしまうと、敵に蹴り倒されてしまう。テコの原理を使って強力に引っ張り上げ、足首と膝(ひざ)に激痛を与えながら固める。敵の方に振り向いたとき、敵が起き上がる動作を示したら、右膝で敵の金的を当てるのが常法である。

奥伝逆取

①敵は我の後方より両腕で我の両腕ともに抱え込む。
　Your opponent holds his arms tightly around your arms from behind.

②我は腰を落として肘を張って脱し、両手で自分の両足の間から敵の右足首を掴む。
　Squat and try to lift your elbows to the sides to break your opponent's hold. From between your legs grab your opponent's right ankle with both hands.

③我は敵の右足を引っ張って、我の左足にからませる。
　Pull your opponent's right leg toward your left foot.

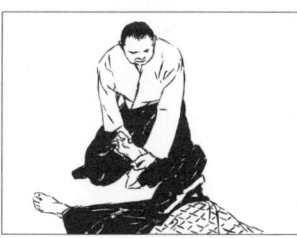

④敵の方に向き返り、固める。
　Face your opponent and immobilize.

第五章 柔術の形

奥伝逆投一本目

片手投
Katatenage

体変換して巻き投げにする技法

　この形の原理は「山嵐（やまおろし）」（中伝逆投九本目）とまったく同じである。敵の左脇に入るのは敵の右手の攻撃を受けないためと、手を振り上げることによって敵を浮かせ、無力化させるためである。迅速な体変換が要求される。一度前方へ大きく落として敵の体を崩し、次に大きく巻き上げる。形では敵はその場で小さくクルリと回転受身をするか、我から手を素早く放して遠くに逃げる受身を取る。

奥伝逆投

①敵は左手で我の右手首を掴む。
Your opponent grabs your right wrist with his left hand.

②我は右足を軸にして左足を後方に引き、左膝を着いて右手を上げる。
Step back with your left leg supporting your body on your right leg. Kneel on your left knee and raise your right hand.

③右手を大きく丸く落とす。
Put your right hand down in a large round movement.

④勢いよく投げ出す。
Using all your strength, throw your opponent to the ground.

第五章　柔術の形

奥伝逆投二本目
両手投
Ryotenage

後襟を掴んで真下に投げ落とす技法

　右手を抜くとき、右手刀で霞当てを入れてもよい。しかし、その場合には次の右手による後襟の掴みを迅速に行う必要がある。古流では「衣紋投」と称し、襟下の部分を取る。入り方は違うが、著者が学んだ荒木新流柔術にも「鷲落」という名称の類技がある。襟は真下に落とす。その際、右足で敵の右足を刈ってもよい。

奥伝逆投

①敵は両手で我の両手首を掴む。
Your opponent grabs both of your wrists.

②我は左手で敵の右手首を取り返し、右手を上に抜いて、右足を敵の右足の後方に進め、右手で敵の後襟を掴む。

Grab your opponent's right wrist with your left hand. Break your opponent's grip on your right hand by lifting it. Place your right foot behind your opponent's right foot and grasp the back of your opponent's collar with your right hand.

③真下に投げ落とす。
Throw your opponent straight down to the ground.

第五章 柔術の形

奥伝逆投三本目

諸手返
Morotegaeshi

諸手取(もろてどり)に対して腰投に落とす技法

　右手を外側から返すときに、力を入れすぎると抜けてしまうので要注意である。左手で敵の右肘(みぎひじ)を屈曲させるのは、敵に力を入れさせないための工夫であり、我が入身(いりみ)するための手法である。入身する際には腰を深く、しっかりと敵を乗せられる位置に入り、一気に投げ落とす。

奥伝逆投

①敵は両手で我の右手首を掴む。
　Your opponent grabs your right wrist with both hands.

②我は右手を外側から返し、左手を敵の右肘に添えて押し上げる。
　Turn your right hand from the outside. Push your opponent's right elbow with your left hand.

③我は左足を敵の前に進め、腰を入れる。
　Place your left foot in front of your opponent and squat slightly preparing to throw.

④腰車に投げ落とす。
　Throw your opponent to the ground using a koshiguruma throwing technique.

奥伝逆投四本目

肘返
Hijigaeshi

腕を屈曲させ、後方から引き倒して落とす技法

「四方投」(初伝逆投一本目)の変化手である。右拳の当てで敵の体動を止めたら、投げ落とすまで迅速に一気に仕掛ける。背に回り込む要領をよく体得しなければならない。

奥伝逆投

①敵は左手で我の右袖を掴む。
Your opponent grasps your right sleeve with his left hand.

②我は右拳で敵の眉間を当てる。
Strike your opponent in the middle of the forehead with your right fist.

③我は左手で敵の左手首を掴み、左足を右足を軸に大きく退いて、敵と背合わせになる。
Grab your opponent's left wrist with your left hand. Make a big step backward with your left leg pivoting on your right leg and put your back against your opponent's back.

④そのまま抜けて投げ落とす。
Squat and throw your opponent to the ground.

奥伝逆投五本目

手操
Taguri

足をすくって後方へ投げ捨てる技法

　天神真楊流からの一手である。最初に体捌きを行う場面では、我は敵の左手を軸にして左足を退く。敵の左手を引くような捌きをすると、次への移行ができなくなり、形が成立しない。

　次の右肘は真っ直ぐ下に突き落とし、敵の腕を巻くようにして、敵の脇から背に手を回して後襟を掴む。この右手の掴みと同時に左手で敵の左膝裏をすくって、我は両手を時計回りにして、敵を後方へ投げ捨てる。この際、正中線が崩れないように心掛ける。

奥伝逆投

①敵は左手で我の胸襟を掴む。我は左足を引いて体を開き、左手で敵の左手首を掴み、右肘を曲げて敵の左腕に外側から掛ける。

Your opponent grasps your collar with his left hand. Step back with your left leg (tai sabaki). Grab your opponent's left wrist with your left hand. Bend your right elbow and place it on your opponent's left arm from the outside.

②我は右肘を突き落とし、右膝を着いて、右手で敵の後襟を掴む。

Push your right elbow down. Kneel on your right knee and grasp the back of your opponent's collar with your right hand.

③我は敵の左膝を左手ではね上げ、右手で後襟を引き落として後方へ投げ落とす。

Push your opponent's left knee up with your left hand. Pull the back of his collar down with your right hand and throw him backwards.

奥伝逆投六本目
村雨
Murasame

急所を押圧して引き倒す技法

　護身術として最有効の一手である。敵が大きい場合には、左手で様々な補助を加えながら掛ける。鎖骨上窩を下に押圧すると激痛が走り、敵は腰から崩れていく。崩れがなお不十分の場合には、右足で敵の左足を払うとよい。

奥伝逆投

①敵は両手を交差して我の胸襟を十字に締める。
Your opponent firmly grabs both sides of your collar crossing his arms.

②我は右手中指を敵の左鎖骨上窩に当てる。
Strike your opponent in the hollow of his left collarbone with your right middle finger.

③そのまま下に突き落とす。
Push your opponent to the ground.

第五章 柔術の形

奥伝逆投七本目
突身
Tsukimi

襟落しに投げ、腕逆を取って固める技法

　体捌きは右足を退くのが基本であるが、形に習熟してきたら、左足を進めて紙一重で敵の突きを受け流せるようにする。決して、突きから離れてはならない。この襟落しの技法は投げ捨てず、連続して固め技に移行する点が「両手投」（奥伝逆投二本目）や荒木新流柔術の「鷲落」と相違する。二度の体変換を自然の動きで表現するのがこの形の妙である。

奥伝逆投

① 敵は右拳で我の水月（みぞおち）を突き込む。我は右足を引いて体を開き、右手で敵の右手首を掴み、左拳で眉間を当てる。

Your opponent attempts to strike you in the solar plexus with his right fist. Step back with your right leg (tai sabaki). Grab your opponent's right fist with your right hand and strike him in the middle of the forehead with your left fist.

② 我は左手で敵の後襟を掴み、右足を敵の右足に掛ける。

Grasp the back of your opponent's collar with your left hand. Place your right foot against your opponent's right foot.

③ 後襟を引き、右足を刈って投げ落とす。

Pull your opponent's collar from behind and throw him down by sweeping his right leg.

④ 体変換して敵と同方向位となり、左膝を着いて右足を立て、敵の右腕の逆を取る。左手は手刀で敵の喉に当てる。

Turn your body so as to face the same direction as your opponent. Kneel on your left knee and draw up your right knee. Control your opponent using his right arm for leverage. Press the side of your left hand on your opponent's throat.

第五章 柔術の形

奥伝逆投八本目
逆背負
Gyakuzeoi

背合わせとなり、頭から投げ落とす技法

　最初に当身(あてみ)を入れてから背に回る方法もあるが、この形では受け止めるのと同時に一挙動で背合わせとなる。敵の右腕は我の左肩に掛かって逆となり、腰ではねると容易に投げを打てる。稽古では敵が我の背上を後転して立って受ける。柳生心眼流(やぎゅうしんがんりゅう)兵術にも類技が存在する。実際には脳天から投げ落とす危険な技法である。

奥伝逆投

①敵は右拳で我の眉間に打ち込む。
　Your opponent attempts to strike you in the middle of the forehead with his right fist.

②我は左手で敵の右手首を受けて掴み、左足、右足と進めて敵と背合わせになり、右手で敵の後襟を掴む。
　Block and grab your opponent's right wrist with your left hand. Move from your left leg, then to your right leg, and put your back against your opponent's back. Grasp the back of his collar with your right hand.

③背合わせのまま、前に投げ落とす。
　From the back-to-back position throw your opponent over your back to the ground.

第五章 柔術の形

奥伝逆投九本目

虚倒
Kodaoshi

両腕を逆に取り、後方へ引き落とす技法

　この形の妙は体変換をしながら、両手を掴み返し、敵の背後に一瞬のうちに回るところにある。敵に万歳をさせる際、肘逆と肩逆が両腕に掛かる角度に取らなければならないが、これは稽古を繰り返して、その角度を体得する以外に習得方法はなく、筆舌に表わすことはできない。なお、この形は引き倒した後に固め技に移行することもできる。形の場合、なるべく早めに掴み手を放してやらないと、敵が受身をとれず危険である。

奥伝逆投

①敵は我の後方より両手で我の両手首を掴む。
Your opponent grabs your wrists from behind.

②我は両手を差し上げ、体を捻る。
Raise both hands and twist your body.

③我は敵の両手を掴み返し、敵の背後にまわって、右足で敵の後腰を蹴る。
Grab your opponent's hands. Move to your opponent's back and kick him in the back with your right foot.

④そのまま真下に引き落とす。
Throw your opponent straight down to the ground.

第五章 柔術の形

奥伝逆投十本目
釣舟
Tsuribune

両足をすくって後方へ投げ捨てる技法

　形の中では当身は入れないが、入れても差し支えない。後方へ踏み込む左足は立てたままでも、膝を着いても良い。左肩で敵の前腰を押し倒すようにして両腕で抱え上げる。大きく上げすぎると敵は後頭部から激突するので注意を要する。

①敵は我の後方より両腕で我の両腕ともに抱え込む。

　Your opponent holds his arms tightly around your arms from behind.

②我は両肘を張って脱し、左足を敵の背後に踏み込み、両手で敵の両足を抱え込む。

　Lift your arms to the sides so as to break your opponent's hold. Place your left foot behind your opponent and put both hands around your opponent's legs.

③そのままひっくり返して後方へ投げ落とす。

　Make your opponent fall on his back.

奥伝逆投

第五章 柔術の形

短棒術
Tanbōjutsu

　短棒術は概して2尺（約60cm）以下の棒を用いて敵を取り挫ぐ武術であり、捕手術の一課として柔術伝に含まれている。著者の日本柔術で教習する形と技法は、佐藤金兵衛先生が創始された大和道の課目にあった「ひしぎ」を基本として、著者がこれまで学んだ各流儀の形をもって構成されている。

　短棒術は著者が大学時代に修行中、最も興味をもった武術の一つであり、現在ではヨーロッパで多くの修行者が稽古に励んでいる。

　短棒術はあくまでも柔術（徒手）の上位にあり、柔術の心得ある者が用いて初めてその真価を発するのである。柔術によって十分に理を認識したならば、短棒の理は自ずと解せるようになる。使用する短棒は初伝・中伝位では長さ1尺3寸（約39cm）・口径8分（約2.4cm）の丸棒、奥伝位では長さ8寸（約24cm）・口径3分（約9mm）の丸棒となっている。（本書では紙数および内容割当ての関係で、短棒術の初伝のみの解説しかできなかった。海外での強い要望もあり、いずれ、全教程の解説書を出版する考えである）

短棒術の教程

初伝
片手取／両手取／右双手取／袖取
紅葉締取／手首折／交叉締／受身
後両手取／返落

中伝
阿吽／抱込／衿取／胸取挫／脇〆
小手挫／前車／一文字締／掻込／大搦

奥伝
小手挫／逆小手挫／綾手搦／両手縛
退留袖／笹之露袖／胸取／突込／早留
後手取

奥伝ノ二
投手／当取／十字取

鍛練
相撲

秘伝
平円ノ理／立円ノ理

独鈷之伝（五）
鉄扇之伝（五）

短棒の名称

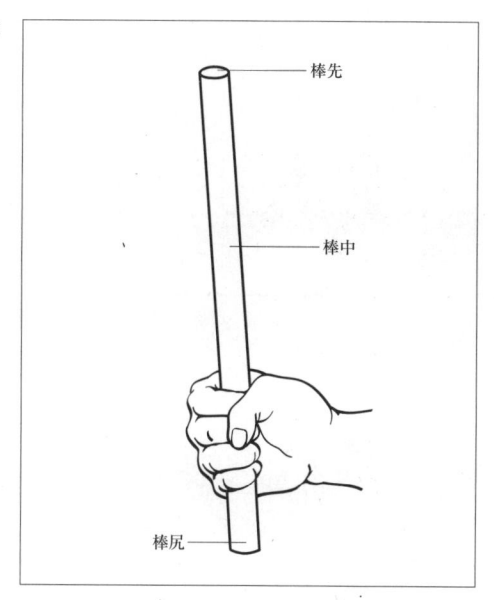

- 棒先
- 棒中
- 棒尻

片手取（短棒右手順）
Katatedori

① 敵は左手で我の右手首を掴む。
Your opponent grabs your right wrist with his left hand.

② 我は左手刀で敵の霞を当てる。
Strike your opponent's temple with the side of your left hand.

③ 棒先を外より回して上に出し、左手で棒端を握る。
Point the stick upward from the outside and grasp the other end with your left hand.

④下に落として脱する。
Lower your body, then step back.

⑤左手を放し、右手の棒で敵の顔を打つ。
Release the grip of your left hand on the tanbo and strike your opponent on the face with the tanbo in your right hand.

両手取（短棒右手順）
Ryotedori

①敵は両手で我の両手首を掴む。
　Your opponent grabs both of your wrists.

②我は両手を外より上に返して左手で棒先を握り、右足で金的を蹴る。
　Raise both hands from the outside and turn them. Grasp the other end of the tanbo with your left hand and kick your opponent's groin with your right foot.

③右足を引いて、棒を下に落として脱する。
　Step back with your right leg. Lower your body, then step back.

④右手を放し、左手の棒で敵の面を打つ。
　Release the grip of your right hand on the tanbo and strike your opponent on the face with the tanbo in your left hand.

右双手取（短棒右手順）
Migimorotedori

①敵は両手で我の右手首を掴む。
　Your opponent grabs your right wrist with both hands.

②我は棒を外より回して上に出し、左手で棒先を握る。
　Point the tanbo upward from the outside and grasp the other end with your left hand.

③右足を引いて取り外す。
　Step back with your right leg and break your opponent's grip.

④右手を放し、左手の棒で面を打つ。
　Release the grip of your right hand on the tanbo and strike your opponent on the face with the tanbo in your left hand.

袖取（短棒右手逆）
Sodetori

①敵は左手で我の右袖を掴む。
Your opponent grasps your right sleeve with his left hand.

②我は左手で敵の左手を押さえ、棒を外から回して肘に掛ける。
Hold your opponent's left hand with your left hand. Place the tanbo on your elbow moving it from the outside.

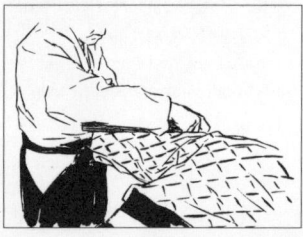

③そのまま引き落とし、棒先で乳裏を当てる。
Pull your opponent forward to the ground. Point the tanbo at your opponent's back at chest level.

紅葉締取 (短棒右手順)
Momijijimedori

①敵は両手で我の胸襟を交差に締める。

Your opponent grasps your collar firmly crossing his hands.

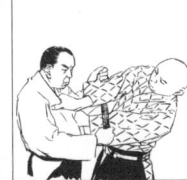

②我は棒を上から両手の間に差し込み、捩じ上げる。

Insert your tanbo between your opponent's hands from above. Lift the tanbo by twisting it.

③棒先を左手で逆に持ち、右手を敵の右手に掛ける。

Take the tanbo with your left hand and place your right hand on your opponent's right hand.

④右足を引き、棒を敵の右肘に当てたまま、逆手に固める。

Step back with your right leg. Place your tanbo on your opponent's right elbow. Control his arm by holding his right elbow.

手首折 (短棒左手順)
Tekubiori

①敵は右手で我の胸襟を掴む。
　Your opponent grasps your collar with his right hand.

②我は棒を敵の右手首に斜めに掛けて、右手で棒先を掴む。
　Place your tanbo on your opponent's right wrist diagonally and grasp the other end of the tanbo with your right hand.

③右足を引いて体を屈め、押し付けて挫く。
　Step back with your right leg. Bend forward and push down.

④棒で顔を打つ。
　Strike your opponent on the face with your tanbo.

交叉締（短棒左手逆）
Kōsajime

①敵は右拳で我の水月（みぞおち）を突く。
　Your opponent attempts to strike you in the solar plexus with his right fist.

②我は右足を引いて棒で手首を払い、右手で手首を掴む。
　Step back with your right leg. Sweep your opponent's wrist to the side with your tanbo.
　Grab your opponent's wrist with your right hand.

③我は追足で寄身し、棒を敵の首前に掛ける。
　Move close to your opponent's back and place the tanbo on his throat.

④右手を左手に交差して後方から棒先を掴み、締め落とす。
　Cross your hands. Grasp the other end of the tanbo from behind and bring your opponent down to the ground while holding the tanbo tightly around his neck.

受身 (短棒左手逆)
Ukemi

①敵が右拳で打ち込むのを我は右足を引いて棒中で受け止める。

Your opponent attempts to hit you with his right fist. Step back with your right leg and block with the middle part of the tanbo.

②我は棒先で敵の脇腹を突く。

Strike your opponent's flank with your tanbo.

③我は右膝を着いて右手を敵の右踵へ掛け、棒を膝の内側へ当てる。

Kneel on your right knee. Put your right hand on your opponent's right heel and place your tanbo on the inside of his knee.

④足を引き倒して、棒先で金的を突く。

Make your opponent fall by pulling his leg and strike his groin with the tanbo.

後両手取 (短棒左手順)
Ushiroryotedori

① 敵は我の背後より両手で我の両手首を掴む。
　Your opponent holds both of your wrists from behind.

② 我は棒を逆に持ち替え、棒先で敵の水月(みぞおち)を当てる。
　Change your grip on the tanbo and use it to strike your opponent in the solar plexus.

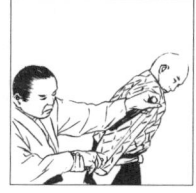

③ 右手を上げて左足を引き、右手で敵の右手首を掴む。
　Raise your right hand and step back with your left leg. Grab your opponent's right wrist with your right hand.

④ 棒を敵の右肘(みぎひじ)に当てて引き落とす。
　Place your tanbo on your opponent's right elbow and make him fall to the ground.

返落（短棒右手順）
Kaeriotoshi

①敵は我の背後より両手で我の両腕共に抱え込む。
　Your opponent holds his arms tightly around your arms from behind.

②我は棒尻で敵の小手を打つ。
　Hit the back of your opponent's hand (kote) with the back of your tanbo.

③左足を抜いて左肘で水月（みぞおち）を当てる。
　Move your left leg and strike your opponent's solar plexus with your left elbow.

④棒を敵の二の腕に当て、右手で棒先を掴む。

Place your tanbo on your opponent's upper arm and grasp the other end of the tanbo with your right hand.

⑤右足を引いて引き落とす。

Step back with your right leg and pull your opponent forward to the ground.

第五章 柔術の形

太刀捕
Tachidori

　丸腰で刀に立ち向かう技術は柔術では最高の位であり、各流儀にはそのための様々な方法が工夫されている。
　太刀捕でまず心得ておかなければならないのは刀の特性である。間合いや構え、また太刀筋などの正しい認識なくしては太刀捕など不可能である。その意味で柔術修行者は剣術や居合術を兼修する必要がある。
　太刀捕には多くの口伝があるが、それは直門人のみが道場での稽古を通して授けられるものであり、ここでは形の説明のみとさせていただく。

揚心古流（神道六合流）の太刀捕。太刀捕は柔術における重要な教習課目である

引倒
Hikitaoshi

①敵は太刀を上段に構え、我は左足前の半身に構える。

Your opponent holds a sword over his head. Face him bending forward supporting your body on your left leg.

②敵が右足を進めて斬り掛かる瞬間、我は右足を進めて、右手で敵の右肘を受け止め、左手で二の腕を掴む。

Your opponent steps forward with his right leg. The moment your opponent starts striking, move forward from your right leg, block his right elbow with your right hand and grab his upper arm with your left hand.

③右手で手首を掴み、左足を敵の右足に掛ける。

Grab your opponent's wrist with your right hand and place your left foot against his right foot.

④前に引き倒して腕を固め、左拳で乳裏を当てる。

Pull your opponent forward to the ground. Hold his arm and strike him in the back at chest level with your left fist.

第五章 柔術の形

屏風倒
Byobudaoshi

① 敵は太刀を上段に構える。
Your opponent holds a sword above his head.

② 敵が斬り掛かる瞬間、我は右足を進めて両手で敵の両肘を止める。
The moment your opponent starts striking, move forward from your right leg and block his elbows with both hands.

③ 我は右足を敵の右足に掛けて倒し、左手は袖を取ったまま放さずに、右足で敵の脇腹を蹴る。
Place your right foot against your opponent's right foot and make him fall. Hold your opponent's sleeve with your left hand and kick him in the side with your right foot.

足捻
Ashihineri

①敵は太刀を青眼に構える。
　Your opponent holds a sword aimed at your face.

②敵が太刀を上段に構える瞬間、我は右足を進めて低く入身し、左手で足首、右手で内膝を取る。
　The moment your opponent raises the sword above his head, move forward from your right leg and lower your body. Grab your opponent's ankle with your left hand and the back of his knee with your right hand.

③足を捻って引き倒し、右膝を詰めて金的を押さえる。
　Make your opponent fall by twisting his foot. Bring your right knee forward keeping your opponent down by applying pressure to the groin area.

巻締
Makijime

①敵は太刀を上段に構える。
　Your opponent holds a sword above his head.

②敵が正面に斬り掛かるのを我は右足を進めて右手で敵の右小手を押さえる。
　The moment your opponent starts striking, move forward from your right leg and block the back of his right hand (kote) with your right hand.

③我は左足を進め、左腕で前より敵の首を巻いて締め、右拳で水月（みぞおち）に当てる。
　Move forward from your left leg. Roll up your left arm around your opponent's neck and hold it tightly. Strike your opponent in the solar plexus with your right fist.

外無双
Sotomusō

太刀捕

①敵は太刀を上段に構える。
Your opponent holds a sword above his head.

②我は右足を出して左膝（ひだりひざ）を着き、左手で敵の右手首を受けて掴（つか）み、右手を敵の右膝裏に当てる。
Move forward from your right leg and kneel on your left knee. Grab your opponent's right wrist with your left hand and place your right hand on the back of his right knee.

③右手で膝を払（はら）い上げて引き倒し、右手で喉（のど）を締める。
Make your opponent fall by sweeping his knee with your right hand. Hold his throat tightly with your right hand.

車投
Kurumanage

①敵は太刀を上段に構える。
Your opponent holds a sword above his head.

②敵が斬り掛かる瞬間、我は右足を進めて両手で肘を受け止める。
The moment your opponent starts striking, move forward from your right leg and block his elbows with both hands.

③右手で胸襟を掴み、体を沈めて巴投げを掛ける。
Grasp your opponent's collar with your right hand, lower your body and throw him with a circular throw (tomoenage).

④投げ終った場面。
End of throw

⑤我はそのまま両手を放さず、後方転回して敵の腹上に馬乗りになり、襟締めにする。

Roll backward without releasing your grip on your opponent's hands and sit on his abdomen. Hold your opponent's collar tightly.

小手返
Kotegaeshi

①敵は太刀を上段に構える。
Your opponent holds a sword above his head.

②我は左足を出して左手で上より敵の右手首を掴む。
Step forward with your left leg and grab your opponent's right wrist from above with your left hand.

③我は左手に右手を添えて、敵の右手を返しながら右足で金的を蹴る。
Move your right hand together with your left hand. Kick your opponent in the groin while turning his right hand.

④左足を引いて小手返に投げ、右足で乳裏を蹴る。
Step back with your left leg and apply a kotegaeshi throw. Kick your opponent in the back at chest level with your right foot.

負投
Oinage

①敵は太刀を上段に構える。
Your opponent holds a sword above his head.

②敵が斬り掛かるのを我は右足を出して右手で肘を受け止める。
The moment your opponent starts striking, move forward from your right leg and block his elbow with your right hand.

③左足を敵の前に進め、左腕で敵の両腕を抱える。
Place your left foot in front of your opponent. Put your left arm around your opponent's arms.

④前に投げ落とす。
Throw your opponent forward to the ground.

体落
Taiotoshi

①敵は太刀を上段に構える。我は右足前の一重身で対する。

Your opponent holds a sword above his head. Face your opponent in an "ichiemi" position with your right foot in front of you.

②敵が斬り掛かるのを我は左足を進めて左拳で敵の眉間を当てる。

The moment your opponent starts striking, move forward from your left leg and strike him in the middle of the forehead with your left fist.

③右手で太刀の棟（刀身の刃と反対側）を押さえて左手で柄を掴み、左膝を着く。

Hold the sword on the non-cutting edge with your right hand and grab the hilt with your left hand, then kneel on your left knee.

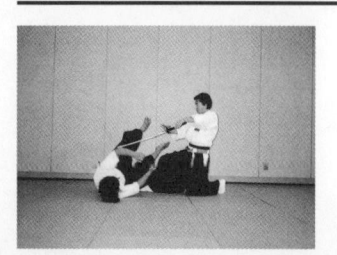

④右足を敵の右足に掛けて太刀を奪いながら斬りつけるように投げ落とす。

Place your right foot against your opponent's right foot. Throw him to the ground taking the sword from him as if you were striking him.

獅子洞入
Shishinohorairi

太刀捕

①敵は太刀を上段に構える。
　Your opponent holds a sword above his head.

②敵が斬り掛かるのを我は左足を出して左手で手首を受け止める。
　The moment your opponent starts striking, move forward from your left leg and block your opponent's wrist with your left hand.

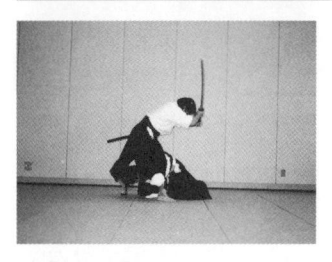

③右足を敵の両足の間に入れ、頭を敵の股下に入れ、両手で敵の足首を掴む。
　Place your right foot between your opponent's legs. Put your head between your opponent's legs. Grab your opponent's ankles with both hands.

④我は自分の後方に投げ捨てる。
　Throw your opponent backwards.

第五章 柔術の形

初伝段取
Shodendandori

　段取は逆取の各形を連続して取り合う方法である。逆取の表形(おもてがた)を返し技で取り返し、さらにそれを次の表形に返すという方法で体を練(ね)っていく。段取は逆技の理を体得するのに最適な稽古方法であり、また、極めて効率的な取口(とりくち)でもある。初伝の段取をさらに中伝の段取へ続けて取る方法もあり、正に芸術的である。

※写真のキャプションは表形を取る側を「捕(とり)」、表形を返す側を「受(うけ)」とする。

初伝段取

①〜④初伝逆取一本目「外小手」を行う。
First shodengyakutori technique: sotogote.

②

③

④

⑤受は捕の左手を右手で下に払う。
The attacker (uke) sweeps the defender's (tori) left hand downward with his right hand.

⑥受は捕の右手首を右手で掴み、転身して裏へ落とす。
　The attacker (uke) grabs the defender's (tori) right wrist with his right hand, then changes position and throws the attacker to the ground on his back.

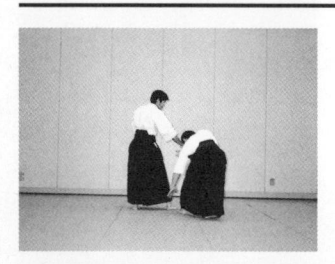

⑦捕は受側向きに尻から抜ける。
　The defender (tori) escapes by stepping back in a low position.

⑧捕は初伝逆取二本目「閻魔」に取る。
　Second shodengyakutori technique: enma.

⑨受は右足を捕の前に出して尻から抜ける。
　The attacker (uke) places his right foot in front of the defender (tori) and escapes in a low position.

⑩抜けた場面。
　Escape.

初伝段取

⑪受は捕の右手を「外小手」の小手返と同じ方法で取る。
　The attacker (uke) takes the defender's (tori) right hand by applying a kotegaeshi (sotogote).

⑫捕は受の引き込む力を利用して右腕を押し込む。
　Using the attacker's (uke) pulling strength, the defender (tori) pushes with his right arm.

⑬捕は初伝逆取三本目「七里引」に取る。
　Third shodengyakutori technique: shichiribiki.

⑭受は捕の前に尻から抜ける。
　Facing the defender (tori), the attacker (uke) escapes in a low position.

⑮受は捕の右腕の逆を取る。
　The attacker (uke) holds the defender's (tori) right arm behind his back.

⑯捕は左肘で受を打つ。
　The defender (tori) strikes the attacker (uke) with his left elbow.

⑰向き直って右手を抜き、その右手で受の左腕を巻く。
　The defender (tori) repositions himself, breaks the attacker's (uke) grip on his right hand and then rolls his hand around the defender's left arm.

⑱そのまま受の左腕を背固めにして、初伝逆取四本目「横固」に引き落とす。
　The defender (tori) tightly holds the attacker's (uke) left arm behind his back and throws him to the ground with the fourth shodengyakutori technique: yokogatame.

⑲受は振り返って右肘打ちを入れる。
　The attacker (uke) turns around and strikes with his right elbow.

⑳受は逆方向に転身し、左手を返して捕の右腕を決める。
　The attacker turns to face the opposite direction, turns his left hand and tightly holds the defender's (tori) right arm.

㉑捕は尻から抜ける。
The defender (tori) escapes in a low position.

㉒捕は受の左腕を初伝逆取五本目「捩閻魔」に取る。
Using the fifth shodengyakutori technique: mojiri-enma, the defender (tori) holds the attacker's (uke) left arm.

㉓受は右手で捕の右足首をすくい、左腕を押し込んで捕を後方に倒す。
The attacker (uke) lifts the defender's (tori) right ankle with his right hand and pushes him with his left arm to make him fall on his back.

㉔捕はそのまま転身して受の前に抜け出る。
The defender (tori) changes position and escapes in front of the attacker (uke).

㉕受は右手刀で捕の頭を打つ。
The attacker (uke) strikes the defender (tori) on the head with the side of his right hand.

㉖捕は受けの右腕を初伝逆取六(七)本目「引落(肘落)」に取る。

Using the sixth shodengyakutori technique: hikiotoshi-hijiotoshi, the defender (tori) grabs the attacker's (uke) right arm.

㉗受は左手で捕の左手首を掴む。

The attacker (uke) grabs the defender's (tori) left wrist with his left hand.

㉘引っ立てる。

The attacker (uke) immobilizes the defender (tori) in a standing position.

㉙捕は両手を巻いて振り向き、初伝逆取七本目「腕緘」を掛ける。

The defender (tori) turns around, puts both hands around the attacker's (uke) arms and applies the seventh shodengyakutori technique: udegarami.

㉚尻から抜ける。

Escape in a low position.

㉛受は捕の背後より右手で右腕を取り、左手を首前に回して襟締めにする。

The attacker (uke) holds the defender's (tori) right arm with his right hand from behind.

The attacker moves his left hand to the attacker's throat and holds him tightly by the collar.

㉜捕は左手で受の左手首を掴んで首を抜く。

The defender (tori) grabs the attacker's (uke) left wrist with his left hand and breaks the latter's neck hold.

㉝捕は初伝逆取九本目「後引落」に受の左腕を取る。

Using the ninth shodengyakutori technique: ushirohikiotoshi, the defender (tori) grabs the attacker's (uke) left arm.

㉞受は左足で捕の右足の甲を踏み付け、捕の腕を返しながら捕の背後に回る。

The attacker (uke) steps on the defender's (tori) right foot with his left foot, then he moves to the defender's back while turning the defender's arms.

㉟両腕で捕をからめ取る。

The attacker (uke) holds the defender (tori) with both arms.

初伝段取

㊱捕は両肘を張って抜ける。
　The defender (tori) raises his elbows to the sides and breaks the attacker's (uke) hold.

㊲捕は初伝逆取十本目「甲手挫」に入る。
　The defender (tori) applies the tenth shodengyakutori technique: kotehishigi.

㊳腕を固めて連行する。
　The defender (tori) immobilizes the attacker (uke) by holding his arms tightly in a standing position.

㊴別れて構える。
　The opponents stand apart and face each other.

巻末

付録

流儀一覧

流派名	創始者
青柳一念流(あおやぎいちねんりゅう)	青柳監物(あおやぎけんもつ)
浅賀流(あさがりゅう)	浅賀弥左衛門(あさがやざえもん)
浅山一伝流(あさやまいちでんりゅう)	浅山一伝斎(あさやまいちでんさい)
浅山一伝流(あさやまいちでんりゅう)	浅山一伝斎(あさやまいちでんさい)
浅山一伝古流(あさやまいちでんこりゅう)	平山佐次平衛(ひらやまさじへい)
浅山一伝新流(あさやまいちでんしんりゅう)	森山軸右衛門(もりやまじくえもん)
浅山大成流(あさやまたいせいりゅう)	不詳
天羽流(あもうりゅう)	天羽勘解由(あもうかげゆ)
荒木流(あらきりゅう)	荒木夢仁斎(あらきむじんさい)
荒木新流(あらきしんりゅう)	荒木武左衛門(あらきぶざえもん)
荒木当流(あらきとうりゅう)	上野八兵衛(うえのはちべえ)
有合無双流(ありあいむそうりゅう)	堤三右衛門(つつみさんえもん)
暗夜無念流(あんやむねんりゅう)	暗夜無念斎(あんやむねんさい)
為我流(いがりゅう)	江畑杢右衛門(えばたもくえもん)
為我流派勝新流(いがりゅうはかつしんりゅう)	大内佐藤次郎(おおうちとうじろう)
息詰流(いきづめりゅう)	天野重郎左衛門(あまのじゅうろうざえもん)
池崎流(いけざきりゅう)	池崎屯(いけざきみつ)
池田流(いけだりゅう)	
石川宝山流(いしかわほうざんりゅう)	石川仙次郎(いしかわせんじろう)
為勢自得天真流(いせいじとくてんしんりゅう)	藤田麓憲貞(ふじたふもとのりさだ)
磯崎流(いそざきりゅう)	磯崎竜八(いそざきりゅうはち)
一条不二法(いちじょうふじほう)	佐々木大学(ささきだいがく)
一打流(いちだりゅう)	
一伝無想流(いちでんむそうりゅう)	村松一有(むらまついちゅう)
一覚流(いっかくりゅう)	佐藤一覚(さとういっかく)
一佐新流(いっさしんりゅう)	藤井実次郎(ふじいさねじろう)
一心流(いっしんりゅう)	渡辺喜三太(わたなべきさんた)
一天藤本流(いってんふじもとりゅう)	藤本源七郎(ふじもとげんしちろう)
一天柳心胃介流(いってんりゅうしんちゅうかいりゅう)	小野惣吉(おのそうきち)
一風流(いっぷうりゅう)	
今川流(いまがわりゅう)	今川越前守(いまがわえちぜんのかみ)
栄進流(えいしんりゅう)	高橋和泉正(たかはしいずみのしょう)
応変流(おうへんりゅう)	台島権太兵衛(だいじまごんたべえ)
奥山念流(おくやまねんりゅう)	念阿弥慈恩(ねんあみじおん)
小栗流(おぐりりゅう)	小栗仁右衛門(おぐりじんえもん)
尾滝流(おたきりゅう)	
柏木流(かしわぎりゅう)	
霞新流(かしんりゅう)	森川武兵衛(もりかわぶへい)
霞神流(かしんりゅう)	森雷之助(もりかすみのすけ)
春日流(かすがりゅう)	
兼相流(かねあいりゅう)	薄田隼人(すすきだはやと)
上柄流(かみつかりりゅう)	上柄某
河上流(かわかみりゅう)	河上伊左衛門(かわかみいざえもん)

【凡例】
1 中興祖が傑出していない場合、最も著名な相伝者を選んだ。
2 伝承地は現行の地方公共団体名にし、現存する場合は特記した。
3 備考は著者の見解・判断による。
4 空欄は特記事項なし。
5 流儀名だけ残り、実態が不明なもの及び近代以降の創作流儀は除外した。
6 複数の流儀名がある場合、世に流布しているものを選択した。

流儀一覧

中興祖	伝承地	備考
	秋田・宮城	宮城伝は今野八右衛門が祖
	石川	居合と両建て・山岸流が出る
浅山一伝重行(あさやまいちでんしげゆき)	東京外	総合武術・家元制・現存
相澤永長斎(あいざわえいちょうさい)	宮城	表三十六ヶ条が基盤・現存
猿橋東太郎(さるはしとうたろう)	茨城	水戸藩柔術の主流
平山主馬之介(ひらやまかずまのすけ)	茨城	
猿橋東太郎(さるはしとうたろう)	茨城	水戸藩御流儀
	大阪	関口流の分派
永井杢弥(ながいもくや)	群馬・長野外	総合武術・現存
服部広次郎(はっとりこうじろう)	新潟	八十一手・現存
	福島	
	広島	
	不詳	千葉家に相伝
宮部仁左衛門(みやべじんざえもん)	茨城	現存
	茨城	無比無敵流棒術を併伝・現存
		富山藩広徳館の流儀
丸山盛永(まるやまもりなが)	長野	松本藩・三道具・上村家伝
	兵庫	姫路藩・固め技の柔術
	福岡	末流(自剛天真流)が現存
山田彦内(やまだひこうち ※読み名、他に多数あり)		秘具を使う捕手・三道具を含む
石丸弥太郎(いしまるやたろう)	石川	
山田円左衛門(やまだえんざえもん)	兵庫	竜野藩
	鳥取・島根	総合武術
	香川	
岡田八重次(おかだやえじ)	愛知	明治二年、乱捕制定
	徳島	
	宮城	
	宮城	
高城与惣兵衛(たかぎよそうべえ)	宮城	総合武術
	宮城	
深谷左十郎(むかやさじゅうろう)	愛知	浅山一伝流の分派
	埼玉	
	高知	総合武術
国北嘉四郎(くにきたかしろう)	香川	
柏木勝見(かしわぎかつみ)	熊本	
	栃木	制剛流の分派
		荒木流の分派
小山田一三(おやまだかずみ)		
	愛知	

巻末 付録

流派名	創始者
川崎流(かわさきりゅう)	川崎祐仙(かわさきゆうせん)
観極流(かんぎょくりゅう)	石戸観極(いしどかんぎょく)
寛幸流(かんこうりゅう)	佐藤弥門(さとうやもん)
含情流(がんじょうりゅう)	坂本廉四郎(さかもとけんしろう)
貫心流(かんしんりゅう)	宍戸司箭(ししどしせん)
灌心流(かんしんりゅう)	神戸有鱗斎(かんどゆうりんさい)
観心流(かんしんりゅう)	磯貝次郎右衛門(いそがいじろうえもん)
眼心流(がんしんりゅう)	
菊丸〆流(きくまるしめりゅう)	奥山文左衛門(おくやまぶんざえもん)
北柳心眼流(きたやぎしんがんりゅう)	
起倒流(きとうりゅう)	茨木専斎(いばらきせんさい)
絹川流(きぬがわりゅう)	絹川文左衛門(きぬがわぶんざえもん)
木村流(きむらりゅう)	木村隼之丞(きむらはやのじょう)
扱心流(きゅうしんりゅう)	犬上左近将監(いぬがみさこんしょうげん)
玉心流(ぎょくしんりゅう)	佐々木五郎右衛門(ささきごろうえもん)
気楽流(きらくりゅう)	渡辺杢右衛門(わたなべもくえもん)
日下一真流(くさかいっしんりゅう)	石山七郎右衛門(いしかわしちろうえもん)
日下真流(くさかしんりゅう)	海野源兵衛(うんのげんべい)
日下夢想流(くさかむそうりゅう)	三谷左衛門(みつたにざえもん)
倉馬流(くらまりゅう)	藤原前鬼坊(ふじわらぜんきぼう)
鞍馬飛伝流(くらまひでんりゅう)	小林武平(こばやしぶへい)
鞍馬揚心流(くらまようしんりゅう)	塩田甚太夫(しおたじんだゆう)
源海流(げんかいりゅう)	剣友源海(けんゆうげんかい)
兼学流(けんがくりゅう)	白神伊輔(しらかみいすけ)
兼相流(かねあいりゅう)	武石謙太郎(たけいしけんたろう)
剣徳流(けんとくりゅう)	愛宕赤星(あたごあかほし)
広海流(こうかいりゅう)	
好要流(こうようりゅう)	明儒五峯(みんじゅごほう)
孤子流(こじりゅう)	中根弾正(なかねだんじょう)
古杉天真流(こすぎてんしんりゅう)	古杉米蔵(こすぎよねぞう)
克覚渋川流(こっかくしぶかわりゅう)	二川原源太(ふたがわらげんた)
克己流(こっきりゅう)	山口平次右衛門(やまぐちへいじえもん)
今真流(こんしんりゅう)	関六郎(せきろくろう)
根田流(こんだりゅう)	根田十郎兵衛(こんだじゅうろうべえ)
坂巻流(さかまきりゅう)	永井帯刀(ながいたてわき)
佐々木流(ささきりゅう)	佐々木大学(ささきだいがく)
殺当流(さっとうりゅう)	内田勘左衛門(うちだかんざえもん)
真田流(さなだりゅう)	
三家一統神道流(さんけいっとうしんとうりゅう)	花房力之助(はなぶさりきのすけ)
三剣一当流(さんけんいっとうりゅう)	河原田新右衛門(かわらだしんえもん)
南山司箭流(なんざんしせんりゅう)	佐久間南山(さくまなんざん)
三神荒木流(さんじんあらきりゅう)	山本嘉助(やまもとかんすけ)
三和再興流(さんわさいこうりゅう)	

流儀一覧

中興祖	伝承地	備考
	青森	八戸藩
		当身主体の流儀
	宮城	
	鹿児島	竹内流の分派
	岡山	
		起倒流の分派
		佐賀の多久郷校に同名流儀あり
青木戸太夫(あおきとだゆう)	福岡	小倉藩校育徳館で教授
	宮城	
滝野専右衛門(たきのせんえもん)		講道館柔道に古式の形として残る
	富山	富山藩校広徳館で教授
	福岡・熊本・新潟・山形	
大竹源太夫(おおたけげんだゆう)	和歌山・新潟	
飯塚臥竜斎(いいづかがりゅうさい)	群馬・埼玉・茨城	総合武術・現存
	青森	
	秋田	
	宮城	
	岩手	柳生心眼流剣術と同系
	鹿児島	甑島に伝承
	長野	総合武術
	広島	
	東京	為我流の分派
大槻五郎助(おおつきごろうのすけ)	宮城	総合武術
		手数伝授巻が残る
	福島	
	岩手	諸賞流の分派
	徳島	棒術を併伝
	青森	十手術を併伝
	大阪	
	秋田	
明石治右衛門(あかしじえもん)	山形	
	愛知	
今村文太左衛門(いまむらぶんたざえもん)	愛知	
	青森	
	秋田	
	広島	
	栃木・埼玉	現存
	宮城	

巻末付録

流派名	創始者
三和無敵流 (さんわむてきりゅう)	金沢学忍軒 (かなざわがくにんけん)
直信流 (じきしんりゅう)	寺田勘右衛門 (てらだかんえもん)
直之乱流 (じきのみだれりゅう)	茨木専斎 (いばらきせんさい)
重見流 (しげみりゅう)	河野清兵衛 (こうの(かわの)せいべい)
慈玄流 (じげんりゅう)	源本将嶽大膳 (みなもとしょうがくだいぜん)
自剛天真流 (じごうてんしんりゅう)	庄林 (しょうばやし) 道一 (名の読み不詳)
自在神仙流 (じざいしんせんりゅう)	大江島右衛門 (おおえしまえもん)
止心流 (ししんりゅう)	真杉三郎兵衛 (ますぎさぶろうべえ)
至心流 (ししんりゅう)	小泉利心 (こいずみりしん)
四心多久間四代見日流 (ししんたくまよんだいけんにちりゅう)	足立平陸 (あだちへいりく)
司箭流 (しせんりゅう)	宍戸司箭 (ししどしせん)
十剣大神流 (じっけんやまがみりゅう)	山辺春正 (やまべはるまさ)
実光流 (じっこうりゅう)	江原慶太夫 (えばらけいたゆう)
四天流 (してんりゅう)	成田清兵衛 (なりたせいべい)
柴真揚流 (しばしんようりゅう)	藤田銀八郎 (ふじたぎんぱちろう)
柴田流 (しばたりゅう)	柴田金右衛門 (しばたきんえもん)
柴田流 (しばたりゅう)	柴田但馬守 (しばたたじまのかみ)
渋川流 (しぶかわりゅう)	渋川伴五郎 (しぶかわばんごろう)
渋川流 (しぶかわりゅう)	渋川伴五郎 (しぶかわばんごろう)
渋川青嶋流 (しぶかわあおしまりゅう)	青嶋美濃介 (あおしまみのうのすけ)
渋川一流 (しぶかわいちりゅう)	宮崎儀右衛門 (みやざきぎえもん)
石尊真石流 (しゃくそんしんごくりゅう)	早川帯刀 (はやかわたてわき)
諸賞流 (しょしょうりゅう)	毛利宇平太 (もうりうへいた)
真流 (しんりゅう)	田中常陸佐 (たなかひたちのすけ)
心流 (しんりゅう)	
新海流 (しんかいりゅう)	樋口南海 (ひぐちなんかい)
新皆流 (しんかいりゅう)	
心外無敵流 (しんがいむてきりゅう)	心外外記 (しんがいげき)
真蔭流 (しんかげりゅう)	今泉八郎 (いまいずみはちろう)
新影治源流 (しんかげじげんりゅう)	立花民部 (たちばなみんぶ)
真貫流 (しんかんりゅう)	松田魁輔 (まつだかいすけ)
新貫流 (しんかんりゅう)	板谷光造 (いたやみつぞう)
心関流 (しんかんりゅう)	亀井嘉兵衛 (かめいかへい)
真鏡浮橋流 (しんきょううきはしりりゅう)	
心月無想柳流 (しんげつむそうやなぎりゅう)	岩永源之丞 (いわながげんのじょう)
新甲乙流 (しんこうおつりゅう)	松平定信 (まつだいらさだのぶ)
真極流 (しんごくりゅう)	真極夢仁斎 (しんごくむじんさい)
心照流 (しんしょうりゅう)	陳元贇 (ちんげんぴん)
新心関口流 (しんしんせきぐちりゅう)	吉田作兵衛 (よしださくべい)
神伝記流 (しんでんきりゅう)	河瀬左衛門 (かわせざえもん)
神伝実用流 (しんでんじつようりゅう)	了心酔月翁 (りょうしんすいげつおう)
神伝不動流 (しんでんふどうりゅう)	矢田帯刀 (やたたてわき)
神道流 (しんとうりゅう)	

流儀一覧

中興祖	伝承地	備考
	茨城・長野	
	島根	柔道という
	佐賀	江戸中期以降、納富家に家伝
	山口	
橘田太右衛門(きったたえもん)	山梨	総合武術
	福岡	
	大阪	
臼井修理大夫(うすいしゅうりだゆう)	愛知・岐阜・長野	総合武術
岩瀬一心斎(いわせいっしんさい)	山形	竹生島流棒術を併伝
黒田弥平(くろだやへい)	富山	現存
	広島	貫心流の別称・現存
	東京	明治の起流
	宮崎	
	熊本・宮城	総合武術
渡辺豊(わたなべゆたか)	香川	現存
	新潟	
	宮城	
渋川時英(しぶかわときふさ)	東京・山梨・山形	関口流の分派
大山善太郎(おおやまぜんたろう)	広島・大阪	内容は本流と異なる・現存
深沢八蔵(ふかさわはちぞう)	山梨	
首藤蔵之進(しゅどうくらのしん)	広島	浅山一流棒術併伝・現存
	岩手	
土川仁和宇衛門(つちかわにわえもん)	岩手	現存
	奈良	柳生藩
	京都	
	兵庫	竜野藩校敬業館で教えた
滝沢常三郎(たきざわつねさぶろう)	東京	天神真楊流の影響が強い・現存
	青森	
	広島	
	岡山	
		総合武術
	宮城	
	佐賀	現存
	三重	起倒流より
	宮城	現存
	愛知	
	京都	明治、青雲流より
北条数馬(ほうじょうかずま)	宮城	現存
矢田徳幸(やたのりゆき)	京都・奈良	
	愛媛	

巻末 付録

流派名	創始者
心当流(しんとうりゅう)	心当作右衛門(しんとうさくえもん)
神道北窓流(しんとうきたまどりゅう)	伊予行佐介(いよきさのすけ)
神道五心流(しんとうごしんりゅう)	関根源太郎(せきねげんたろう)
神道殺活流(しんとうさっかつりゅう)	南条豊後守(なんじょうぶんごのすけ)
神道精武流(しんとうせいぶりゅう)	小笠原城之助(おがさわらじょうのすけ)
真道明心流(しんとうめいしんりゅう)	武田徳次郎(たけだとくじろう)
真道弥生流(しんとうやよいりゅう)	稲田佐太郎(いなださたろう)
神道揚心流(しんとうようしんりゅう)	松岡克之助(まつおかかつのすけ)
神道六合流(しんとうろくごうりゅう)	野口潜龍軒(のぐちせんりゅうけん)
真神道流(しんのしんとうりゅう)	山本民左衛門(やまもとたみざえもん)
真妙流(しんみょうりゅう)	根来独身斎(ねごろどくしんさい)
真妙流(しんみょうりゅう)	
真妙流(しんみょうりゅう)	熊谷三弥(くまがいさんや)
神妙流(しんみょうりゅう)	
新無双柳流(しんむそうやなぎりゅう)	
神明流(しんめいりゅう)	松山心学(まつやましんがく)
神明活殺流(しんめいかっさつりゅう)	高須賀一行(たかすがいっこう)
心明殺活流(しんめいさっかつりゅう)	上野縦横(うえのしょうおう)
神明和光伝(しんめいわこうでん)	富永大学(とみながだいがく)
神力流(しんりきりゅう)	
水流(すいりゅう)	加藤権兵衛(かとうごんべえ)
水流(すいりゅう)	
随心流(ずいしんりゅう)	里村随心(さとむらずいしん)
随心流(ずいしんりゅう)	山本舎人(やまもととねり)
随変流(ずいへんりゅう)	脇坂源左衛門(わきさかげんざえもん)
随変当流(ずいへんとうりゅう)	富士随翁(ふじずいおう)
助国流(すけくにりゅう)	吉成文右衛門(よしなりぶんえもん)
鈴鹿本覚流(すずかほんがくりゅう)	
鈴鹿夢伝流(すずかむでんりゅう)	
青雲流(せいうんりゅう)	藤川青雲斎(ふじかわせいうんさい)
誠極流(せいぎょくりゅう)	長窪勝左衛門(ながくぼかつざえもん)
誠玉小栗流(せいぎょくおぐりりゅう)	三条高倉(さんじょうたかくら)
誠源流(せいげんりゅう)	岩瀬久次郎(いわせきゅうじろう)
制剛流(せいごうりゅう)	水早長左衛門(みずはやちょうざえもん)
清剛玉心流(せいごうぎょくしんりゅう)	丸毛平左衛門(まるげちょうざえもん)
制剛心照流(せいごうしんしょうりゅう)	宮崎只右衛門(みやざきただえもん)
制剛長尾流(せいごうながおりゅう)	長尾為左衛門(ながおためざえもん)
清心流(せいしんりゅう)	
清心流(せいしんりゅう)	森霞之助(もりかすみのすけ)
清心流(せいしんりゅう)	谷元止麻呂(たにもとまさまろ)
清心流(せいしんりゅう)	大原景勝(おおはらかげかつ)
盛真大和流(せいしんやまとりゅう)	水谷正太郎(みずたにしょうたろう)
西法院武安流(せいほういんたけやすりゅう)	松浦武兵衛(まつうらぶへい)

流儀一覧

中興祖	伝承地	備考
笹本勝右衛門(ささもとかつえもん)		
	福岡・島根	試合口(乱取)がある
	岡山	
		中国伝来
	福島	
	山形	大正年間の流儀
	大阪	新選組の柔術師範
	茨城	現存
	全国・中国・欧州	明治末期の開流
本間丈右衛門(ほんまじょうえもん)	埼玉	
	長崎	
宇野先右衛門(うのせんえもん)	滋賀	膳所藩の伝
	岡山	小野派一刀流、柳生流より
会沢伝之進(あいざわでんのしん)	福島	会津日新館の流儀
	佐賀	多久郷学校の流儀
	山梨	
	愛媛	明治初期、松山で指南
	千葉	佐倉藩
		起倒流より
古谷万平(ふるやばんぺい)	兵庫	明石藩
	鳥取	水野流の分派
	宮城	
	宮崎	秋月藩
富士随翁(ふじずいおう)		総合武術
		富永大学の師
皆方安左衛門(みなかたやすざえもん)	秋田・福島	日下流捕手の分派
吉武紋左衛門(よしたけもんざえもん)	佐賀	多久郷学校の流儀
	佐賀	多久郷学校の流儀
	京都	明治、京都に英武館があった
		近年まで伝承
	富山	
	群馬	気楽流の分派
梶原久左衛門(かじわらきゅうざえもん)	愛知・静岡	
服部立左衛門(はっとりたてざえもん)	福井	
		朝日山藩
山本嘉助(やまもとかんすけ)		荒木流の分派、総合武術
	岡山	
	愛知	大原は熱田神宮の神官
後藤源八郎(ごとうげんぱちろう)	宮城	

巻末付録

流派名	創始者
関口流(せきぐちりゅう)	関口柔心(せきぐちじゅうしん)
関口眼流(せきぐちがんりゅう)	
関口正統(せきぐちせいとう)	関口柔心(せきぐちじゅうしん)
関口南蛮流(せきぐちなんばんりゅう)	
関口宮田流(せきぐちみやたりゅう)	
妹尾流(せのおりゅう)	妹尾信証(せのおのぶみ)
世保流(せほりゅう)	河内次郎(かわちじろう)
船海微塵流(せんかいみじんりゅう)	坂田重信(さかたしげのぶ)
前鬼流(ぜんきりゅう)	
禅家流(ぜんけりゅう)	真刑部(ちかきょうぶ)
杣田流(せんだりゅう)	杣田元輔(せんだもとすけ)
専当一身一流(せんとういっしんいちりゅう)	専当則安(せんとうのりやす)
双水執流(そうすいしつりりゅう)	二神半之助(にかみはんすけ)
大雲流(だいうんりゅう)	高橋大雲坊(たかしだいうんぼう)
大円鏡知流(だいえんきょうちりゅう)	金井直右衛門(かないなおえもん)
大恩流(だいおんりゅう)	
大東流(だいとうりゅう)	武田惣角(たけだそうかく)
大東流(だいとうりゅう)	半田弥太郎(はんだやたろう)
高垣流(たかがきりゅう)	高垣重矩(たかがきしげのり)
高木流(たかぎりゅう)	高木馬之輔(たかぎうまのすけ)
高橋流(たかはしりゅう)	高橋随悦(たかはしずいえつ)
宅間流(たくまりゅう)	宅間権太夫(たくまごんだゆう)
宅間真揚神仏一念流(たくましんようしんぶついちねんりゅう)	宅間三太夫(たくまさんだゆう)
武田流(たけだりゅう)	武田出雲守(たけだいずものかみ)
竹内流(たけのうちりゅう)	竹内久盛(たけのうちひさもり)
竹内畝流(たけのうちうねりゅう)	竹内五郎右衛門(たけのうちごろうえもん)
竹内起倒流(たけのうちきとうりゅう)	武内重吉(たけのうちじゅうきち)
竹内三統流(たけのうちさんとうりゅう)	竹内久盛(たけのうちひさもり)
竹内判官流(たけのうちほうがんりゅう)	西沢久三郎(にしざわきゅうざぶろう)
武光流(たけみつりゅう)	武光柳風軒(たけみつりゅうふうけん)
武光一伝流(たけみついちでんりゅう)	
竹元流(たけもとりゅう)	竹元願細軒(たけもとがんさいけん)
竹本本覚流(たけもとほんがくりゅう)	
立花流(たちばなりゅう)	立花丹後守(たちばなたんごのかみ)
立身流(たつみりゅう)	立身三京(たつみさんきょう)
帯刀流(たてわきりゅう)	
谷口夢想流(たにぐちむそうりゅう)	
団野流(だんのりゅう)	団野万右衛門(だんのまんえもん)
智元今川流(ちげんいまがわりゅう)	今川義元(いまがわよしもと)
直義流(ちょくぎりゅう)	
塚原卜伝流(つかはらぼくでんりゅう)	塚原卜伝(つかはらぼくでん)
堤宝山流(つつみほうざんりゅう)	堤宝山(つつみほうざん)
貞心流(ていしんりゅう)	寺田平左衛門(てらだへいざえもん)

流儀一覧

中興祖		伝承地	備考
		和歌山・佐賀	「柔術」の名称の嚆矢、現存
島友三	(しまゆうぞう)	香川	
小野里弥右衛門	(おのざとやえもん)	徳島・東京・山梨	本流と全く内容が異なる
		宮崎	延岡藩
本田伝吉郎	(ほんだでんきちろう)	高知	
		静岡	
		広島	不遷流の分派
		栃木	玄海流の分派、宇都宮藩
奥山文左衛門	(おくやまぶんざえもん)	宮城	
八木半太夫	(やぎはんだゆう)	宮城	一部現存
		富山	広徳館、見日流の分派
		山口	
		福岡・東京	
		新潟・栃木	
		宮城	総合武術、伯耆流の分派
		千葉	古河藩
		全国	明治三十一年創始、現存
		大阪	
		秋田	
		兵庫	現存
			制剛流の分派
		香川	
三好親正	(みよしちかまさ)	香川	
		山形	
		岡山	現存
		岡山	
		岡山	
矢野仙右衛門	(やのせんえもん)	熊本	
		愛知	挙母藩
		山口	
		佐賀	多久郷学校の流儀
		兵庫	出石藩
		千葉・大分	佐倉藩、中津藩、現存
		宮城	
小野小右衛門	(おのしょうえもん)	山形	庄内藩
		福井	柔気流・六字流は別称
		千葉	佐倉藩
萱生六左衛門	(かやおろくざえもん)	愛知	田原藩成章館
		長野	松代藩
		岡山・栃木・会津	総合武術

流派名	創始者
定善流(ていぜんりゅう)	大岩残心(おおいわざんしん)
手柴流(てしばりゅう)	
鉄心流(てっしんりゅう)	大塚鉄心(おおつかてっしん)
鉄仲流(てっちゅうりゅう)	赤松則之(あかまつのりゆき)
天流(てんりゅう)	天流源八左衛門(てんりゅうげんはちざえもん)
天下枝垂流(てんかしたれりゅう)	平河幸右衛門(ひらかわこうえもん)
天下無雙流(てんかむそうりゅう)	桜場采女正(さくらばうめのしょう)
天下無雙眼心流(てんかむそうがんしんりゅう)	藤本左近(ふじもとさこん)
転心流(てんしんりゅう)	岩本儀兵衛(いわもとぎへい)
天真正伝香取神道流(てんしんしょうでんかとりしんとうりゅう)	飯篠長威斎(いいささちょういさい)
天真正伝神道一念流(てんしんしょうでんしんとういちねんりゅう)	吉田仙次郎(よしだせんじろう)
天神真楊流(てんじんしんようりゅう)	磯又右衛門(いそまたえもん)
天通無類流(てんつうむるいりゅう)	高森芳平(たかもりよしひら)
天然理心流(てんねんりしんりゅう)	近藤内蔵助(こんどうくらのすけ)
天武流(てんぶりゅう)	門田天武斎(かどたてんぶさい)
天満一流(てんまんいちりゅう)	堀田佐五左衛門(ほったさござえもん)
当要向鏡流(とうようこうきょうりゅう)	不破又右衛門(ふわまたえもん)
戸田流(とだりゅう)	水橋隼人(みずはしはやと)
戸田一平流(とだいっぺいりゅう)	
戸田昇免流(とだしょうめんりゅう)	
呑敵流(とんてきりゅう)	吉里呑敵斎(よしさととんてきさい)
長尾流(ながおりゅう)	長尾監物(ながおけんもつ)
長岡流(ながおかりゅう)	長岡直右衛門(ながおかなおえもん)
長尾信開流(ながおしんかいりゅう)	氏家春樹(うじいえはるき)
中澤流(なかざわりゅう)	中澤蘇伯(なかざわそはく)
長浜流(ながはまりゅう)	長浜仁左衛門(ながはまにざえもん)
中輪流(なかわりゅう)	今杢左衛門(こんもくざえもん)
難波一甫流(なんばいっぽりゅう)	難波一甫斎(なんばいっぽさい)
難波一甫真得流(なんばいっぽしんとくいちりゅう)	児玉徳右衛門(こだまとくえもん)
南蛮流(なんばんりゅう)	
南蛮一法流(なんばんいっぽうりゅう)	橋本一夫斎(はしもといっぷさい)
二天一流(にてんいちりゅう)	古橋惣左衛門(ふるはしそうざえもん)
濡絹(衣)流(ぬれぎぬりゅう)	
野田流(のだりゅう)	野田和左衛門(のだわざえもん)
野中流(のなかりゅう)	野中平馬(のなかへいま)
野々口流(ののぐちりゅう)	野々口常人(ののぐちつねひと)
芳賀起倒流(はがきとうりゅう)	
柏宗流(はくそうりゅう)	
把心流(はしんりゅう)	
八幡流(はちまんりゅう)	戸田円蔵(とだえんぞう)
八天無双流(はってんむそうりゅう)	
林流(はやしりゅう)	林六左衛門(はやしろくざえもん)
万流(ばんりゅう)	

流儀一覧

中興祖	伝承地	備考
		岡山、日向飫肥藩
	岐阜	
	岡山・広島	
高尾騰九郎（たかおとうくろう）	東京	天神赤心流に同じ
	石川	
	佐賀	多久郷学校の流儀
		単に無雙流ともいう
	愛知・岐阜	
	千葉	総合武術、現存
		天神真楊流の分派
	東京	現存
	広島	広島伝渋川流の分派
	東京・山梨・神奈川	
	大阪	
	大阪	起倒流の分派
阿部鉄扇（あべてっせん）	新潟	新発田藩では単に戸田流という
碓井隆義（うすいたかよし）	福島・山梨	明治年間、山梨で教えた
		竹内流より
雨夜覚右衛門（あまやかくえもん）	石川	現存
	石川	
	東京	明治、現存、神伝護身術という
		良移心当流の分派
	青森	林崎新夢想流居合に付属
	広島	
	広島	
	新潟	村上藩
	大分	単に南蛮流ともいう
		古橋は宮本武蔵の門人
	栃木	宇都宮藩
	岡山	起倒流の分派
	熊本	塩田流の分派
	姫路	立ち技の一派
五十嵐伝助（いがらしでんすけ）	石川	加賀藩
	大分	豊後の梅石亭で教授
	鳥取	
	佐賀	竹内流の分派
飯岡八平（いいおかはちへい）	青森	八戸藩

巻末付録

流派名	創始者
半沢流（はんざわりゅう）	松浦一甫斎（まつうらいっぽさい）
阪東流（ばんとうりゅう）	
范保流（はんぽりゅう）	
非多流（ひたりゅう）	
日守流（ひのかみりゅう）	日守市右衛門（ひのかみいちえもん）
日上新当流（ひのかみしんとうりゅう）	日上主計佐（ひのかみかずえのすけ）
日上真刀流（ひのかみしんとうりゅう）	尾崎四郎三郎（おざきしろさぶろう）
日之上神道三上流（ひのかみしんとうみかみりゅう）	
日上直明流（ひのかみちょくめいりゅう）	辻頼佐（つじよりすけ）
日の下流（ひのもとりゅう）	石山七郎右衛門（いしかわしちろうえもん）
日の下新流（ひのもとしんりゅう）	斎藤五右衛門（さいとうごえもん）
拍子流（ひょうしりゅう）	門野羽右衛門（かどのうえもん）
深草流（ふかくさりゅう）	深草権太郎（ふかくさごんたろう）
不二流（ふじりゅう）	
藤巻流（ふじまきりゅう）	
藤山流（ふじやまりゅう）	藤山一人（ふじやまかずと）
藤原流（ふじわらりゅう）	菊池拳光（きくちけんこう）
不遷流（ふせんりゅう）	武田物外（たけだもつげ）
扶桑流（ふそうりゅう）	水間半兵衛（みずまはんべえ）
不倒流（ふとうりゅう）	
不動真徳流（ふどうしんとくりゅう）	
不動夢想流（ふどうむそうりゅう）	
武備心流（ふびしんりゅう）	名倉弥次兵衛（なくらやじべえ）
不変流（ふへんりゅう）	岩谷外記（いわたにげき）
古川流（ふるかわりゅう）	古川勘左衛門（ふるかわかんざえもん）
風伝流（ふうでんりゅう）	風伝左衛門（ふうでんざえもん）
平集流（へいしゅうりゅう）	
平心流（へいしんりゅう）	由井民部之助（ゆいみんぶのすけ）
平六流（へいろくりゅう）	
方円流（ほうえんりゅう）	直守一（あたいもりいち）
伯耆流（ほうきりゅう）	片山伯耆守（かたやまほうきのかみ）
棒天音流（ほうてんのんりゅう）	
卜伝流（ほくでんりゅう）	塚原卜伝（つかはらぼくでん）
卜伝流（ほくでんりゅう）	奥村忠春（おくむらただはる）
堀口流（ほりぐちりゅう）	堀口久慶治（ほりぐちきゅうけいじ）
本流（ほんりゅう）	高山理蔵（たかやまりぞう）
本覚円流（ほんがくえんりゅう）	
本覚克己流（ほんがくこっきりゅう）	添田儀左衛門（そえだぎざえもん）
本覚無雙流（ほんがくむそうりゅう）	鶴覚右衛門（つるかくえもん）
本格無双流（ほんかくむそうりゅう）	
間影流（まかげりゅう）	
幕玉流（まくだまりゅう）	
正木一心流（まさきいっしんりゅう）	

流儀一覧

中興祖	伝承地	備考
	愛知	
石原伊作(いしはらいさく)	兵庫	尼崎藩
	鳥取	帰当流の分派
山本喜作(やまもときさく)		
	愛知	術を骨法と称する
遠藤十太夫(えんどうじゅうだゆう)	兵庫	出石藩
	京都	
村尾勝左衛門(むらおかつざえもん)	埼玉・福島	川越藩・棚倉藩
	鳥取	
	秋田	林崎流の分派
	秋田	
	福井	
	千葉	
	愛知	組打の流儀
	長野	上田藩
	茨城	
		明治
	岡山	現存
		明治、護身術
	鹿児島	
森本善正(もりもとよしまさ)	徳島	
	宮城	
	東京・埼玉	整骨で有名な名倉家の家伝
	秋田・岩手	
	兵庫	竜野藩
		関口流の分派
	青森	津軽藩
	岡山	
和田源太左衛門(わだげんたざえもん)	大分	
	福岡	総合武術
	山口	
	宮崎	高鍋藩
	茨城	和術という
	東京	明治の流儀、系譜不詳
	青森	津軽藩
	新潟	新発田藩
	佐賀	多久郷学校の流儀
	青森	津軽藩の代表流儀
上滝孫右衛門(うえたきまごえもん)	佐賀	多久郷学校の流儀
副島五郎右衛門(そえじまごろうえもん)	佐賀	多久郷学校の流儀
	北海道	松前藩
	岡山	
	愛知	

巻末付録

流派名	創始者
末後流(まつごりゅう)	
松島流(まつしまりゅう)	松島安六(まつしまやすろく)
三浦流(みうらりゅう)	三浦与次右衛門(みうらよじえもん)
三浦流(みうらりゅう)	三浦蔵人(みうらくらんど)
三上流(みかみりゅう)	三上久右衛門(みかみきゅうえもん)
三島流(みしまりゅう)	
水野流(みずのりゅう)	水野新五左衛門(みずのしんござえもん)
水野新当流(みずのしんとうりゅう)	小林広右衛門(こばやしひろえもん)
水野真法一伝流(みずのしんぽういちでんりゅう)	水野伴十郎(みずのはんじゅうろう)
水野法心流(みずのほうしんりゅう)	水野法心入道(みずのほうしんにゅうどう)
三留悟音流(みとめごおんりゅう)	
宮田流(みやたりゅう)	宮田由楽斎(みやたゆらくさい)
宮永流(みやながりゅう)	宮永右門亮(みやながうもんのすけ)
無眼流(むがんりゅう)	三浦源右衛門(みうらげんえもん)
無究玉心流(むきょうぎょくしんりゅう)	長谷川内蔵之助(はせがわくらのすけ)
無極流(むきょくりゅう)	
武宗流(むそうりゅう)	夏原八太夫(なつはらはちだゆう)
武崇流(むそうりゅう)	前田又四郎(まえだまたしろう)
無相流(むそうりゅう)	中条勝次郎(なかじょうかつじろう)
夢想流(むそうりゅう)	坂房久左衛門(さかふさきゅうざえもん)
夢想流(むそうりゅう)	石引半左衛門(いしびきはんざえもん)
夢想流(むそうりゅう)	宇垣慶余(うがきけいよ)
夢想流(むそうりゅう)	岩永覚蔵坊(いわながかくぞうぼう)
夢想流(むそうりゅう)	岩田儀兵衛(いわたぎへい)
夢想流(むそうりゅう)	
夢相流(むそうりゅう)	深井勘右衛門(ふかいかんえもん)
夢相流(むそうりゅう)	夏原八太夫(なつはらはちだゆう)
無双流(むそうりゅう)	神尾文五左衛門(かみおぶんござえもん)
無双流(むそうりゅう)	
無双流(むそうりゅう)	日下市右衛門(くさかいちえもん)
無双流(むそうりゅう)	金森山城守(かなもりやましろのかみ)
武宗流(むそうりゅう)	関口弥五右衛門(せきぐちやごえもん)
無双一身流(むそういっしんりゅう)	
無双神鳥流(むそうかとりりゅう)	宮本無二之丞(みやもとむにのじょう)
夢想願流(むそうがんりゅう)	松林左馬之助(まつばやしさまのすけ)
無想賢心流(むそうけんしんりゅう)	大山賢心(おおやまけんしん)
無双賢心流(むそうけんしんりゅう)	
無双直伝流(むそうじきでんりゅう)	意慶坊長遍(いけいぼうちょうへん)
無双直伝楊心軟殺流(むそうじきでんようしんなんさつりゅう)	羽根清太左衛門(はねせいたざえもん)
無双柔円流(むそうじゅうえんりゅう)	明寿院増忠(めいじゅいんますただ)
無双真和流(むそうしんわりゅう)	
無敵流(むてきりゅう)	進藤雲斎(しんどううんさい)
無敵流(むてきりゅう)	

流儀一覧

中興祖	伝承地	備考
	秋田	
	高知	小栗流の分派
	山形	幕末天童藩
	宮城・岩手	
	熊本	鶴橋成美館の流儀
	鹿児島・鳥取	
	福島	会津藩
	石川	加賀藩
	宮城	
	広島	戸田流の分派
	岡山	
	福岡	小倉藩
	新潟	
	愛知	
	岡山	
	愛知	尾張藩の乱捕の祖
中条秀次郎（ちゅうじょうひでじろう）	香川	讃岐の名流
		深草流の分派
	長野・愛知	天正年間起流の古流儀
	福島	捕手入身兵法という
有泉三右衛門（ありいずみさんえもん）	山梨	慶長年間起流の古流儀
	埼玉	起倒流の分派、陣鎌を併伝
	宮城	現存
片岡讃岐（かたおかさぬき）		二刀取手の伝
	福島	
	香川・岡山	棒術が著名・現存
水野治兵衛（みずのじへえ）	岡山	関口流の分派
藤田八右衛門（ふじたはちえもん）		
	宮城	
	佐賀	多久郷学校の流儀
	佐賀	多久郷学校の流儀
飯篠家直（いいささいえなお）	長野	総合武術
	佐賀・長崎	楊心流の分派
		多久郷学校の流儀
石丸治兵衛（いしまるじへえ）		多久郷学校の流儀
西沢甚左衛門（にしざわじんざえもん）	長野	松代藩、三和無敵流和力より

巻末 付録

流派名	創始者
無敵八重垣流(むてきやえがきりゅう)	
無刀拳法流(むとうけんぽうりゅう)	秋原半右衛門(あきはらはんえもん)
武頭八重垣流(むとうやえがきりゅう)	
無二無参自現流(むにむざんじげんりゅう)	
無拍子流(むびょうしりゅう)	仁木新十郎(にきしんじゅうろう)
無拍子一相流(むびょういっそうりゅう)	越山一之丞(おやまいちのじょう)
明心流(めいしんりゅう)	
森本流(もりもとりゅう)	森本甚五兵衛(もりもとじんごべえ)
八重垣流(やえがきりゅう)	
柳生流(やぎゅうりゅう)	
柳生心眼流(やぎゅうしんがんりゅう)	竹永隼人(たけながはやと)
柳流(やなぎりゅう)	岩永源之丞(いわながげんのじょう)
柳流(やなぎりゅう)	
山岸流(やまぎしりゅう)	山岸市郎右衛門(やまぎしいちろうえもん)
山城三能流(やましろさんのうりゅう)	
山本流(やまもとりゅう)	
山本勘介流(やまもとかんすけりゅう)	
山下無滴流(やましたむてきりゅう)	
山本無辺流(やまもとむへんりゅう)	山本無辺斎(やまもとむへんさい)
油井流(ゆいりゅう)	油井弥四郎(ゆいやしろう)
唯心流(ゆいしんりゅう)	
夢乃流(ゆめのりゅう)	
楊心流(ようしんりゅう)	秋山四郎兵衛(あきやましろうべえ)
陽心流(ようしんりゅう)	赤星三郎次(あかほしさぶろうじ)
養心流(ようしんりゅう)	稲田帯刀(いなだたてわき)
揚心古流(ようしんこりゅう)	三浦定右衛門(みうらじょうえもん)
除野流(よけのりゅう)	除野熊雄(よけのくまお)
吉岡流(よしおかりゅう)	吉岡一之進(よしおかいちのしん)
吉岡流(よしおかりゅう)	吉岡八角(よしおかはっかく)
義経一心流(よしつねいっしんりゅう)	
力信流(りきしんりゅう)	官部嵯峨入道(かんべさがにゅうどう)
柳剛流(りゅうごうりゅう)	岡田総右衛門(おかだそうえもん)
柳心流(りゅうしんりゅう)	
柳心甲冑流(りゅうしんかっちゅうりゅう)	
柳心介冑流(りゅうしんかっちゅうりゅう)	富山登(とやまのぼる)
良移心当流(りょういしんとうりゅう)	福野七郎右衛門(ふくのしちろうえもん)
両段新流(りょうだんしんりゅう)	
若山流(わかやまりゅう)	若山太郎左衛門(わかやまたろうざえもん)
鷲尾流(わしおりゅう)	鷲尾春雄(わしおはるお)

流儀一覧

中興祖	伝承地	備考
	名古屋	明治の流儀
	群馬	沼田藩
	名古屋	
成尾甚之丞(なるおじんのじょう)	滋賀	膳所藩で幕末に隆盛
金子吉平(かねこよしへい)	福井	総合武術
	福井	無拍子流と一相流の合伝
竹之内勝一郎(たけのうちしょういちろう)	兵庫	尼崎藩の義勇館の流儀
		関口流の分派
	愛知・広島	
	岡山	
小山左門(おやまさもん)	宮城外全国	現存、拳法伝あり
	佐賀	岩永家に家伝
岩松九郎兵衛(いわまつくろうべえ)	佐賀	多久郷学校の流儀
	石川	腰廻という
	福岡	足軽が習った
	和歌山	
	福島	三春藩、総合武術
	三重	柳剛流剣術に付随
	宮城	総合武術
		楊心流の分派
	兵庫	
		朝日山藩
	全国	
		赤星は剣徳流の祖でもある
	京都・岡山	現存
		現存
	熊本	
	茨城・大分	
	鳥取	大正年間に森脇竹蔵がこの流儀
杉山縫殿之助(すぎやまぬいのすけ)	岡山・静岡	現存するが、柔術は失伝
		剣術が主体
伴喜助右衛門(ばんきすけえもん)		
	宮城	
	宮城・北海道	天神真楊流の分派、現存
	福岡	
	群馬	
	三重	
	埼玉	真蔭流の分派

巻末 付録

人体の急所

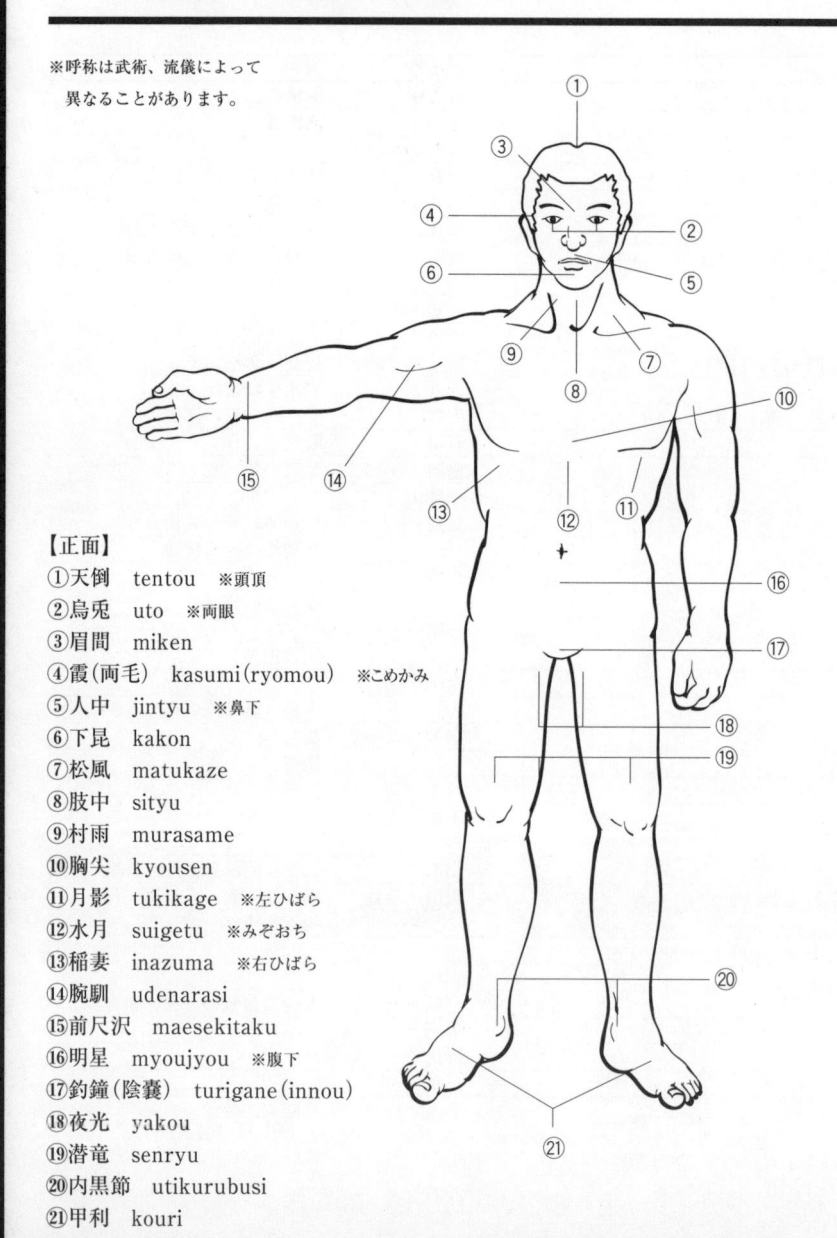

※呼称は武術、流儀によって
　異なることがあります。

【正面】
① 天倒　tentou　※頭頂
② 烏兎　uto　※両眼
③ 眉間　miken
④ 霞(両毛)　kasumi(ryomou)　※こめかみ
⑤ 人中　jintyu　※鼻下
⑥ 下昆　kakon
⑦ 松風　matukaze
⑧ 肢中　sityu
⑨ 村雨　murasame
⑩ 胸尖　kyousen
⑪ 月影　tukikage　※左ひばら
⑫ 水月　suigetu　※みぞおち
⑬ 稲妻　inazuma　※右ひばら
⑭ 腕馴　udenarasi
⑮ 前尺沢　maesekitaku
⑯ 明星　myoujyou　※腹下
⑰ 釣鐘(陰嚢)　turigane(innou)
⑱ 夜光　yakou
⑲ 潜竜　senryu
⑳ 内黒節　utikurubusi
㉑ 甲利　kouri

人体の急所

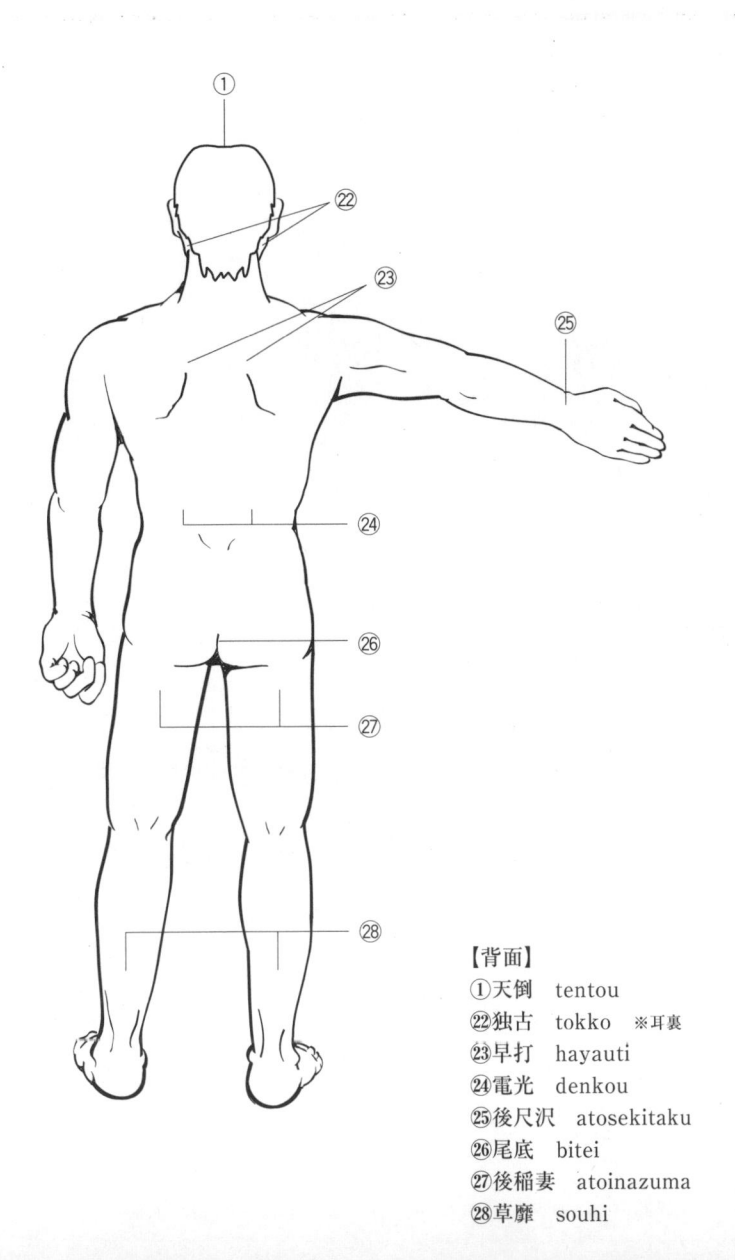

【背面】
① 天倒　tentou
㉒ 独古　tokko　※耳裏
㉓ 早打　hayauti
㉔ 電光　denkou
㉕ 後尺沢　atosekitaku
㉖ 尾底　bitei
㉗ 後稲妻　atoinazuma
㉘ 草靡　souhi

巻末 付録

旧国名日本地図

※都市名は現在のものです。
※陸奥の磐城、岩代、陸前、陸中、陸奥の5国、
　出羽の羽前、羽後の2国は
　明治元年に分割されたものです。

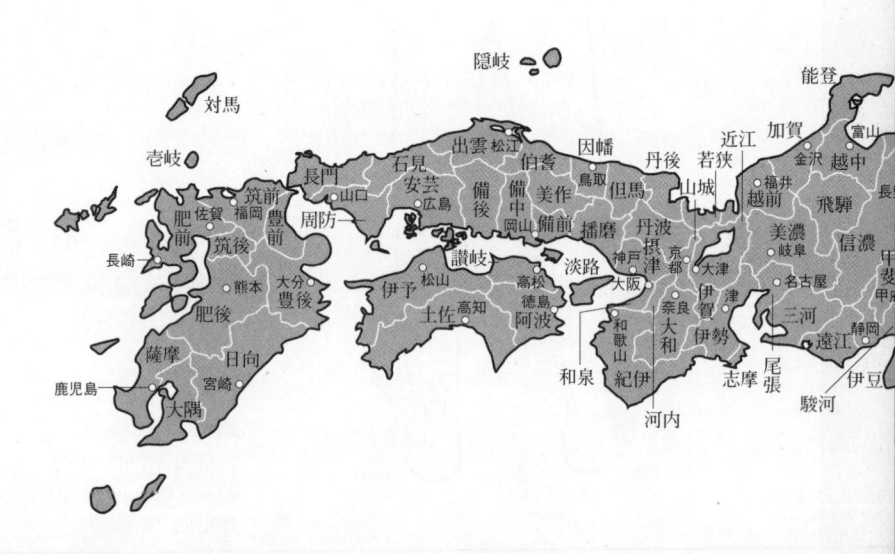

旧国名日本地図

蝦夷地
札幌

青森
(陸奥)
出
秋田
(羽後)
陸
盛岡
(陸中)
佐渡
羽
山形
奥
(陸前)
新潟
羽前
仙台
越後
(岩代)
福島
磐城
上野
下野
前橋
宇都宮
武蔵
水戸
浦和
常陸
東京
上総
横浜
千葉
下総
安房
相模

琉球
那覇

301

用語集

【 合気道 】
あいきどう。大東流合気柔術を母体にしてできた主に逆技と投げ技（ほとんどが手技で多くは関節を決める）からなる現代武道。いくつかの会派がある。
⇒現代武道

【 当身術 】
あてみじゅつ。
⇒隔離攻撃

【 居合 】
いあい。「居合術」の略称。江戸時代には"術"の字を省略することが多かった。元来の「座る」という意味から、後には「抜刀」そのものを指す用語として用いられるようになる。なお、柔術の居取を居合と称する例もある。
⇒居取

【 家元制 】
いえもとせい。日本の伝統芸能の世界で見られる一家集権制度。家元は一門の宗家として全国の同門を支配し、統率する。師範免許を出せるのも家元の特権である。しかし、古武道の世界には家元（宗家）制度は存在しない。免許皆伝を得た門人は独立した師範職に就くことができる。現在、古武道界で宗家が濫立している現象は、現代人の誤った認識によるものである。
⇒相伝

【 一子相伝 】
いっしそうでん。技芸を相続する家系では、その家芸を一人の子息にだけしか相伝しないという習慣。
⇒相伝

【 居取 】
いどり。形において我と敵、双方が座して行う想定。
⇒形

【 入身 】
いりみ。敵が攻撃できない範囲のうち、敵に最も近い位置に身体を進めること。敵の正面に入る場合と側面に入る場合とがある。寄身。

【 植芝盛平 】
うえしばもりへい。合気道の創始者。
⇒合気道

【 受 】
うけ。攻撃を仕掛ける敵のこと。受の攻撃に対処する側は「捕り」という。
⇒敵方、捕り

【 受方 】
うけかた。
⇒敵方

【 受身 】
うけみ。投げられたときに、身体への衝撃を減する目的で行う転倒または床（畳）を叩く動作。なお、柔術では古来、投げられたときに敵に反撃するための体勢を立て直す動作とされている。

用語集

【　打　ち　】
　うち。隔離攻撃の一つ。上段からの打ち込み（手刀または拳）と袈裟からの打ち込み（手刀）に大別される。
　⇒隔離攻撃

【　打　太　刀　】
　うちたち。
　⇒敵方

【　裏　】
　うら。攻撃した敵が、相手に押さえられる（表）のを、逃れて取り返す技法。返し技。

【　追　足　】
　おいあし。最初に前足が進み、後からそれに追随して後足が進むこと。その際、後足が前足より前方に進んではならない。

【　奥　伝　】
　おくでん
　⇒初伝・中伝・奥伝

【　表　芸　】
　おもてげい。流儀を代表する武術種目。また、身分を表す技芸。武士の表芸は剣術である。

【　折　敷　】
　おりしき。日本の伝統芸能に見られる重要な所作で、両膝を深く屈して蹲踞の姿勢となり、片膝を前に着き、もう一方の膝を後方に立てて開いた姿勢。前膝を立てる場合もある。

【　返　し　技　】
　かえしわざ。
　⇒裏

【　抱　え　】
　かかえ。接触攻撃の一つ。両手で敵の上半身を抱え込む攻撃方法。
　⇒接触攻撃

【　隔　離　攻　撃　】
　かくりこうげき。敵が我と離れた状態から仕掛ける攻撃方法。「突き」「打ち」「蹴り」に集約される。
　⇒打ち、接触攻撃、蹴り、突き

【　霞　を　掛　け　る　】
　かすみをかける。何らかの方法で敵の視界を遮ること。掌による直接打撃のほか、薬物を散布する方法などがある。

【　形　】
　かた。流儀を構成する最大の要素。流祖によってつくられた攻防の所作を表現した一定の動作。技術の基礎基本になるもので古武道では形の習得を修行の第一の目的としている。　⇒稽古

【　固　め　】
　かため。関節を決め、あるいは身体を利用して敵の行動の自由を奪うこと。

【　甲　冑　組　討　】
　かっちゅうくみうち。甲冑を装着した戦いにおいて、直接武士同士が接触して組み合う戦法。倒して首を刈るのが目的である。

巻末 付録

【　甲冑柔術　】
　かっちゅうじゅうじゅつ。甲冑を着用した状態での柔術。広義においては組討と同義。
　⇒平服柔術

【　活　法　】
　かっぽう。
　⇒殺活

【　急　所　】
　きゅうしょ。体の中で、打たれたり傷つけられたりすると命にかかわるような重要な所。298ページも参照のこと。
　⇒正中線、丹田

【　仰　臥　】
　ぎょうが。仰向けに寝た想定。

【　口　伝　】
　くでん。流儀の重要な教えのうち、筆記できない部分を口頭で伝授すること。

【　組足（丁字型）　】
　くみあし（ちょうじがた）。古来、女性が多用した歩法。半身、または一重身に構える場合に股を割らず、両足を交差させる方法。左右の体変換に極めて有効である。

【　組　討　】
　くみうち。
　⇒甲冑柔術

【　位　取　り　】
　くらいどり。流儀を代表する構えで相対する相手を注視すること。

【　稽　古　】
　けいこ。先哲（流祖）が確立した形を正確に身につける行為。ルールに従って競技力を高める「訓練」とは意味が違う。なお、稽古の積み重ねを「修行」という。
　⇒形

【　警視拳法　】
　けいしけんぽう。明治時代に警視庁が全国から柔術各流儀の師範を招聘し、それぞれの流儀から提出された形をもって編成した柔術（逮捕術）。

【　血　判　】
　けっぱん。門人が師匠と交わす厳格な判証。指を針で刺して自分の姓名の下に血による指紋を押す。古来、入門時に行った習慣。

【　蹴　り　】
　けり。隔離攻撃の一つ。足による攻撃方法。柔術には基本的に水月（鳩尾）から上の部分を蹴る攻撃は存在しない。
　⇒隔離攻撃

【　現代武道　】
　げんだいぶどう。明治時代以降に確立し、競技を主体としたスポーツ武道。柔道・剣道・空手道・合気道・なぎなた・弓道などがある。合気道では形稽古が主体となっている。
　⇒古武道

用語集

【小具足】
　こぐそく。元来、足軽級の軽装甲冑を指したが、江戸時代には短刀を使用しての柔術技法を指すようになった。

【腰廻】
　こしのまわり。柔術の語ができる以前の徒手武術を表した言葉。江戸時代になってからも竹内流の系統で使用された。

【古武道】
　こぶどう。明治維新以前に確立された流儀武術を現在では「古武道」と言い表している。これは明治時代以降に台頭してきた競技を主体とする現代武道に対する呼び方である。古武道は柔術以外にも剣術・棒術・居合術・槍術・薙刀術などを総括している。

【座合】
　ざあい。柔術における居取（いどり）の想定を指す場合と居合術と同義の用語として用いられる場合とがある。詰合。
　⇒居取

【殺活】
　さっかつ。殺は当身により敵から一時的に意識を奪うこと。活は喪失した意識を回復させること。柔術では、この殺活が一体となっており、「殺活自在」などと表現されている。

【殺点】
　さってん。急所のこと。穴所。禁穴。中（あたり）。
　⇒殺活

【仕合】
　しあい。古来、多くは「試合」ではなく「仕合」の文字を用いた。仕合とは本来、習得した技を"試す"のではなくお互いが実地稽古によって技術を錬磨することを意味した言葉であったからである。

【絞め】
　しめ。腕や着衣を利用して、敵の喉などを絞め、血流や呼吸を阻止する技法。

【修行】
　しゅぎょう。
　⇒稽古

【初伝・中伝・奥伝】
　しょでん・ちゅうでん・おくでん。古武道の伝授段階を示す基準。入門後、最初に伝授を受ける内容が初伝、続いて中伝、最後に奥伝へと進む。

【事理一致】
　じりいっち。事（業・技）と理論が一致していること。

【神武不殺】
　しんぶふさつ。日本武術共通の理念。江戸時代の武術稽古の目的は幕府および藩主への忠誠と自我の確立であり、殺人技術を学ぶことにより、逆に「生」の尊厳を知るところに精神性を求めている。

巻末 付録

【 正中線 】
　せいちゅうせん。身体を正面から見て左右対称に分割する中心線。脳天、眉間、鼻、口、喉、首、鳩尾、金的を通る。武道の姿勢で最も重視する線であり、急所の多くが存在している。
　⇒丹田

【 整復術 】
　せいふくじゅつ。柔術の稽古中に発生した捻挫、脱臼、骨折などを治療すること。104ページのコラムも参照。
　⇒殺活

【 接触攻撃 】
　せっしょくこうげき。「掴む」「抱える」など、敵と接触する攻撃方法。
　⇒抱え、隔離攻撃、掴む

【 相伝 】
　そうでん。古武道において、その伝承する内容を習得し、受け継ぐこと。狭義には流儀における免許皆伝と同義に用いられる。
　⇒家元制、一子相伝

【 体捌 】
　たいさばき。敵の攻撃に対して、その攻撃範囲外に体を移動させること。

【 体術 】
　たいじゅつ。
　⇒やわら

【 立合 】
　たちあい。形において我と敵、双方が立って行う想定。

【 太刀筋 】
　たちすじ。斬り込んだときに太刀の刃が通る軌跡。太刀筋が通らなければ、正確な斬撃はできない。刃筋。剣筋。

【 丹田 】
　たんでん。力、意識の集中点。上丹田（眉間）、中丹田（檀中＝胸の中心）、下丹田（明星＝臍の下）の三つがある。一般に丹田といえば下丹田を指す。
　⇒正中線

【 中伝 】
　ちゅうでん。
　⇒初伝・中伝・奥伝

【 陳元贇 】
　ちんげんぴん。江戸初期、中国から日本に帰化した学者。古来、日本柔術の祖と崇められてきたが、近年は否定されている。

【 掴む 】
　つかむ。接触攻撃の一つ。手首や頭髪など身体の一部を掴む場合と胸襟や帯など衣服の一部を掴む場合がある。
　⇒接触攻撃

【 突き 】
　つき。隔離攻撃の一つ。拳または指先による水平（直線）的攻撃方法。
　⇒隔離攻撃

【敵方】
てきかた。古武道の形において攻撃を務める側の呼称。受方。打太刀。
⇒受

【手解】
てほどき。敵に手首を掴まれたときに、これを離脱する方法。柔術で最初に学ぶ最も基本的な技法。転じて稽古事全般において最初に習う初歩的な内容のことをいい、一般に「手解きを受ける」という。抜き手。

【徒手】
としゅ。武器を手にしていない状態。無手。丸腰。

【捕り】
とり。関節の逆を捕るなどして、敵の攻撃に対処すること。
⇒受

【捕手】
とりて。「とって」ともいう。腰廻と同様、柔術の語ができる以前の徒手武術を表した言葉。後に、棒や捕縄を主体とした柔術流儀でこの呼称を多く使用した。単に柔術の代名詞として使用する場合もある。

【投げ】
なげ。敵を宙に浮かせ、仰向けに落とす技法。広義には宙に浮かせなくても背中から倒れる技法を投げとする場合が多い。

【抜き手】
ぬきて。
⇒手解

【筈】
はず。弓矢の弦にかかる部分。手を開き、親指だけを他の四指から離した形。矢筈。

【半座半立】
はんざはんだち。形において我と敵のいずれかが座して行う想定。

【半身】
はんみ。正面の敵に対して、左右どちらかの足を退き、体面を45度に向けること。

【一重身】
ひとえみ。正面の敵に対して、左右どちらかの足を退き、体面を真横に向けること。敵対面積が最小になる。棒、槍、薙刀などの長い武器を使用するときに用いる。

【平服柔術】
へいふくじゅうじゅつ。江戸時代に発達した、平服（紋付き袴）を着用した状態での最も普遍的な柔術。
⇒甲冑柔術

【 目　　録 】

　もくろく。いくつかのもので、ひとまとまりをなしているものの内容の題名を書き並べたもの。古武道では伝授巻の内で、特に形(かた)の名称を列記した形式のものを指す。また、修行段階として、初伝にあたる切紙(きりがみ)の上位に位置する用語としても用いられる。

【 や わ ら 】

　柔術の本来の訓(よ)み方。柔術のほかに拳法・和術・体術などと表記することもある。

【 寄　　身 】

　よりみ。
　⇒入身

【 乱　　捕 】

　らんどり。柔道では「乱取」と表記する。形(かた)を学んだ後、自由に技を掛け合って実地の応用変化を学ぶ稽古法。江戸後期から西日本で広く行われるようになった。

【 理　　合 】

　りあい。武道の技法の理論的裏付け。

【 礼　　法 】

　れいほう。広義には武士の生活全般における行動則をいうが、武術の稽古における礼法とは形(かた)の前後に行う一連の所作のことをいう。神前礼（神前において神に対して行う）・師範礼（師範に対して弟子が行う）・相礼（弟子同士が行う）などがある。流儀において所作が異なる。

索引

あ

合気道……18, 20, 27, 36, 59, 60, 75
　78, 81, 82, 84, 144, 156, 184, 302
合気投……188, 190, 198
秋山四郎兵衛……46, 49, 296
浅山一伝古流……51, 280
浅山一伝斎……46, 280
浅山一伝重行……51, 280
浅山一伝新流……51, 280
浅山一伝流……29, 30, 32, 35, 36, 38
　46, 48, 51, 53, 56, 57, 60, 75〜
　77, 80, 82, 84, 87, 89, 94, 101
　　　　　　　　102, 196, 280
浅山一流棒術……58
足裏受身……115, 184, 192, 200
足底受身……29
足固め……31
足絞め……31
脚締め……86, 89
足捻……261
頭締め……86
当取……244
当身技(当身術)……18, 34, 38, 72
　　　93, 94, 96, 97, 99, 100, 302
後掛け……75, 93, 94
穴沢流薙刀……60
雨夜覚右衛門……52, 291
綾詰……174
綾手搦……244
綾詰……175
荒木新流……47, 55, 85, 196, 226, 236
　　　　　　　　　　　　　　280
荒木夢仁斎(秀綱)……43, 280
荒木流……42, 43, 47, 280

い

居合(術)……258, 302
飯篠長威斎(家直)……43, 44, 290, 295
為我流……60, 280
為我流派勝新流……58, 280
石掛幸左衛門……42
磯貝次郎右衛門……49, 282
磯又右衛門……50, 290
一日城無双一覚流……41
一文字締……244
一覚流……41, 280
一心流……51, 57, 280
居取……30, 72, 302
犬上郡兵衛……49
犬上流……49
茨木専斎……49, 64, 69, 282
入身……302
允可(秘伝)……23

う

植芝盛平……60, 302
上野縦横……49, 286
受方……302
受身……23, 29, 36, 75, 78, 81, 84
　　　　　　　　　　　108, 302
受身(短棒左手逆)……244, 254
後襟技……85
後詰……222
後手取……244
後捕……89, 202
後引落……140, 277
後引違……180
後屏風……220
後両手取……160, 180
後両手取(短棒左手順)……244, 255
打込返……158

索引

内捌き……73
打太刀……303
打ち……28, 303
腕固め……31
腕緘……78, 89, 138, 276
腕絞め……31, 86, 89
腕止……55
乳母車……90, 164, 184
首関節技……76, 77, 80
裏……303

え

衿取……244
襟投……55
襟絞……31, 87, 154, 194, 204, 216, 265, 277
閻魔……79, 90, 126, 132, 272
閻魔返し……118

お

追足……303
負投……84
負投(太刀捕)……267
応変流……51, 280
大江専兵衛……46
大江安左衛門……48
大搦……90, 142, 244
奥伝……303
奥村忠春……57, 292
奥山龍峰……60
小栗流……52, 70, 92, 280
帯引……55
帯技……85
表形……168, 270
表芸……303
折敷……303

か

外曲……74, 76, 77, 190
外国柔術……18
搔込……78, 87, 89, 244
皆伝允可……32
回転受身……29
皆伝(奥伝)……23
外転……76, 77
返し技……270, 303
返落……182
返落(短棒右手順)……244, 256
抱込……244
抱え……28, 29, 303
鏡山沖右衛門……45
隔離攻撃……28, 303
鹿島神流……60
梶原源左衛門……50
霞新流……50, 60, 280
春日夢想流……53
霞(霞を掛ける)……87, 95, 96, 124, 146, 211, 226, 246, 303
形……18, 22, 28, 30, 72, 106, 162, 182, 303
肩関節技……78
片手取……83
片手取(短棒右手順)……244, 246
片手投……85, 224
片手胸取……55
固め(技)……19, 31, 37, 38, 52, 72, 75, 81, 83, 84, 86, 89, 90～92, 142, 150, 152, 153, 156, 163, 236, 240, 303
甲胄組討……18, 41, 303
甲冑柔術……304
活法……31, 37, 38, 49, 50, 55, 86, 87, 94, 100～104, 304

索引

香取真魂流……42, 44
香取神道流……58
嘉納治五郎……56
空手……20, 22, 46, 50, 60, 72, 93
　　　　　　　　　　　　99, 304
刈捨……198
刈り技……83
鑑極流……50
観心流……49, 282
貫心流……66, 282
眼心流……41, 50, 282
岩石落……152
関節技……27, 37, 72, 74〜78, 80, 93
　　　　　　　　　　　　　　106

き

菊丸〆流……53, 282
起倒流……40, 49, 52, 55, 56, 64〜66
　　　　　　　　　　69, 81, 87, 282
逆小手挫……244
逆背負……84, 238
逆手……21, 34, 37, 72, 74, 75, 77
　　　　　　　82, 93, 96, 99, 251
逆捕り……31
逆取……74
逆投げ……31, 74, 81, 82
急所……28, 41, 46, 82, 85, 86, 93〜
　　97, 99〜101, 158, 234, 298, 304〜
　　　　　　　　　　　　　　306
扱心一流……65, 66
扱心流……49, 55, 56, 60, 65, 282
仰臥……30, 304
気楽流……46, 51, 68, 282
切紙（初伝）……23
切手取……176
擒拿……34, 99

く

空転受身……29
鎖鎌……47
口伝……21, 90, 204, 258, 304
首車……80, 150
組討……18, 40〜43, 45, 47, 49, 64
　　　　　　81, 106, 107, 303, 304
位取り……304
車投……264

け

血判……25, 304
蹴り……28, 303, 304
現代武道……304
剣徳流……53, 282
拳法……34
兼流……53

こ

交叉締（短棒左手逆）……244, 253
講道館柔道……46, 50, 55〜57, 59, 75
　　　　　　　81, 82, 86, 87, 108
後方回転受身……112
後方開展系……79, 80
後方転回受身……117
五活……100, 102
呼吸……206
国際武道院……19, 21, 60, 106, 318
小具足……41, 42, 47, 51, 305
腰車……186, 229, 305
腰廻二十五ヶ条……40, 41
小尻（鐺）返……45
虚倒……240
甲手返……156
小手返……36, 75, 77, 84, 146, 162
　　　　　　　　　　212, 216, 273

索引

小手返(太刀捕)……266
小手捌……208
甲手挫……142, 278
小手挫……244
小葉返……162
小林茂衛門……51
拳砕……196
古流柔術……18, 20, 55, 57, 59, 61, 81, 82, 106, 130, 152
衣投……192, 200

さ

坂本龍馬……52
先掛け……93, 94
桜場采女正……41, 290
笹之露袖……244
殺活……31, 37, 305
殺当流……55, 282
佐藤一覚……41, 280
五月雨……212
三剣一当流……48, 282
三神荒木流……47, 282

し

直信流……49, 284
慈玄流……54, 284
地獄詰……86, 88, 216
獅子洞入……269
四心多久間流……48, 87
至心流……47～49, 58, 284
止心流……48, 284
至心流捕手……58
七里引……77, 89, 128, 168, 208, 209, 273
十手……32
四天流……51, 52, 56, 60, 284
柴真揚流……50, 57, 94, 98, 284

渋川一流……31, 35, 37, 48, 56～58, 60, 77～80, 82～85, 87, 89, 90, 138, 142, 168, 284
渋川伴五郎……50, 284
渋川流……48, 50, 54, 55, 67～69, 80, 87, 284
四方投……75, 78, 84, 128, 144, 146, 147, 158, 230
絞め……31, 37, 305
十字取……244
十字投……160
柔道整復師……104
首藤蔵之進……48, 56, 57, 285
手搏(柔術)……45
手裏剣……42～44
順投げ……31, 81
諸賞流……50, 284
初伝・中伝・奥伝……305
初伝段取……270
事理一致……18, 305
真蔭流……60, 284
真願(心眼)流……53
真極流……24, 48, 49, 53, 68, 93, 284
心照流……49, 50, 284
深甚流……52
人体の急所……298
神道北窓流……56, 87, 286
神道揚心流……50, 286
神道流……44, 49, 284
神道六合流……22, 59, 83, 85, 90, 95, 96, 99, 286
真神道流……46, 49, 58, 60, 67, 286
神武不殺……21, 28, 72, 305
新無双柳流……52, 286
心明殺活流……49, 286
神明殺活流……55
心流……56, 284

す

鈴鹿本覚流……52, 286
鈴鹿夢伝流……52, 286
捨身投……31, 81, 82, 120
摺込……55

せ

誠極流……60, 286
制剛流……50, 87, 286
正中線……306
整復術……31, 100, 103, 104, 306
西法院武安流……49, 53, 98, 286
関口柔心……45, 46, 66, 288
関口正統……50, 54, 288
関口流……32, 38, 45, 46, 50, 55, 56, 60, 65, 66, 87, 92, 288
接触攻撃……28, 306
前鬼流……53, 288
禅家流……53, 288
前方受身……114
前方回転受身……110
前方開展……78〜80
前方転回受身……116
千里引……76

そ

奏者取……45
双水執流……47, 56, 60, 288
相伝書……22
相伝……306
袖落……190, 198
袖取……130
袖取(短棒右手逆)……244, 250
袖技……85
外小手……124, 271, 273
外捌き……73
外無双……263

た

体落……268
体固め……31
台島権太兵衛……51, 280
大東流……19, 29, 59, 60, 82, 84, 85, 87, 90, 144, 288
退留袖……244
大和道……80, 84, 244
高木流……47, 48, 60, 288
高橋玄門斎……49
沢庵禅師……49, 64, 69
武田惣角……59, 82, 87, 288
武田物外……96, 292
竹内加賀助久吉……43
竹内三統流……47, 48, 56, 60, 288
竹内久勝……41, 43
竹内中務大夫久盛……40〜43, 288
竹内流……32, 40〜43, 45, 47, 48, 56〜58, 60, 65, 87, 90, 196, 288, 305
畳折……210
立合……30, 306
太刀筋……258, 306
太刀捕……258
立身流……55, 288
俵返し……120
丹田……306
単独掛け……93
短棒術……244

ち

竹生島流棒術……58
着衣絞め……31
中国拳法……34〜38, 45, 57, 74, 99
陳元贇……49, 284, 306

つ

柄搦……55
柄砕……45
柄止……55
柄取……55
掴み(掴む)……28, 29, 306
突込……244
突身……236
突き……28, 303, 306
辻投げ……81
津田一左衛門正之……55
津田一伝流剣術……55
堤宝山……45, 288
釣舟……83, 242

て

敵ノ先……55
手首折(短棒左手順)……244, 252
手首関節技……76, 77
手操……232
手繰技……83
鉄鎖……32
鉄扇……32
手の内……32
手解……27, 307
転回受身……29
天下枝垂流……52, 290
天下無双眼心流……41
天下無双流……52
天下無雙流……41, 290
天真正伝香取神道流……43, 290
天神真楊流……27, 46, 49, 50, 55, 56
　　60, 67〜69, 78, 81, 83, 85, 86, 89
　　　　　　96, 138, 198, 232, 290

と

胴締め……86, 87
遠当……32, 94, 98
戸田昇免流……51, 290
戸田次郎右衛門頼母……46
戸田派武甲流……46
戸田流……32, 46, 51, 52, 55, 290
戸塚派揚心流……59, 60
戸塚彦介……50
捕手五ヶ条……40, 41
捕手(術・流儀)……41, 45, 46, 244, 307
捕縄(術)……32, 48, 50, 55, 91, 164
　　　　　　　　　　　　　206, 307
捕り……31, 37, 307
呑敵流……47, 290

な・に

内曲……74, 76, 77, 90, 196
内転……76, 77
長尾監物……52, 290
長尾流……52, 290
中掛け……93, 94
中澤蘇伯……59, 82, 290
中澤流(神伝護身術)……59, 60, 82, 84
　　　　　　　　　　　　　　　290
中田七左衛門……51
中村半助……49
投げ(技)……31, 37, 72, 74, 75, 81
　　〜85, 93, 106, 160, 196, 302, 307
投捨……81
投手……244
難波一甫流……47, 48, 290
西郡多喜雄……74
二天一流……52, 290
日本本伝三浦流……49

ぬ・ね・の

抜き手……307
捻返……146
念阿弥慈恩……45，280
捻転技法……77
念流……45
野口潜龍軒……59，286
喉締め……86

は

羽打ち……29
羽交い締め……79，90
筈……307
裸締め……86
八光流柔術……59，60，82
早川八郎治……50
早留……244
半座半立……30，307
半身……30，307

ひ

引落……134，136，140，276
引込……214
引倒……259
引違……204
引廻……194
肘落……136，140，276
肘返……230
肘枷投……84，148，154
肘関節技……77，78
肘逆……77，82，84，90，128，152，168，172，184，218，240
肘脱臼……103
一重身……30，307
屛風倒……260

ふ

福野七郎右衛門……49，296
藤本左近……42，52，290
藤原勝真……42，43，47
不遷流……56，87，89，96，98，292
佛躰流……50

ほ

伯耆流……47，292
卜伝流……57，292
星貞吉……57
星野家……52
本覚円流……52，292
本覚克己流……48，76，292

ま

前襟技……85
前掛け……75
前車……79，90，244
巻込……170，172
巻締……262
巻留……172
真捨身……82
増山真業流棒術……58
松風……218
松林左馬助（無雲斎）……42，294
万力……32

み

見合取……55
三浦揚心（定右衛門）……49，296
三浦与次右衛門……45，49，294
三浦流……49，294
右双手取（短棒右手順）……244，249
水車……184
水橋隼人……46，290

宮崎儀右衛門……48, 284
宮崎只右衛門……50, 286
宮本武蔵……41, 52

む

夢想願流……42, 294
無想賢心流……52, 294
無双直伝流……43, 294
無双柔円流……52, 294
無双真和流……52, 294
夢想流……41, 294
本覚無双流……52
無双流……52, 55, 294
無相流……52, 56, 74, 87, 98, 294
無敵流……58, 294
無比無敵流杖術……58
胸取……244
胸取挫……244
無拍子流……51, 52, 296
村雨……234

も

目録(中伝)……23, 308
捩閻魔……132, 275
紅葉返……154
紅葉締取(短棒右手順)……244, 251
森川武兵衛……50, 280
諸手返……228
諸手捕……168
紋付袴……57

や

柳生心眼流……51, 53, 56, 57, 60, 80, 84, 86, 87, 89, 90, 94, 142, 238, 296
柳流……52, 296
山嵐……200, 224
山陰……178

山本民左衛門……49, 286
やわら……21, 34, 308

ゆ・よ

行連後取……55
行連左右腰投……55
行連左上頭……55
行連右壁副……55
行連右突込……55
指関節技……76, 77
揚心古流……49, 50, 76, 296
楊心流……32, 38, 46, 49, 50, 54〜56, 60, 66, 67, 77, 81, 86, 87, 90, 95, 96, 99〜101, 296
横固……130, 274
横捨身……82
吉村兵助……49
寄身……308

ら・り・れ

乱捕……308
理合……37, 38, 85, 196, 198, 206, 308
力信流……47, 48, 56, 58, 60, 296
良移心当流……49, 296
良移心頭流……55
両手縛……244
両手取……166, 206
両手取(短棒右手順)……244, 248
両手投……226, 236
礼式……122
礼法……308

わ

脇〆……244

著者略歴

小佐野　淳 (おさの・じゅん)

山梨県富士吉田市出身。古武道・日本伝柔術・中国武術を学び、その奥妙に至る。国際水月塾武術協会(ISBA)を主催し、国内外において後進の指導にあたっている。

浅山一伝流柔術、渋川一流柔術、柳生心眼流兵術、力信流棒剣術、穴沢流薙刀術、天道流武術、神道無念流立居合、兵法二天一流を伝承する。

著書に『秘伝当身術』(愛隆堂)など多数。

現住所
〒403-0013
山梨県富士吉田市緑ヶ丘2-7-2

本書で解説している技法(形)を無断で稽古・指導することを固く禁じます。

About the author

Jun Osano

Born in Fujiyoshida City, Yamanashi Prefecture. Learned ancient martial arts, including Japanese and Chinese Jūjutsu, of which he has a perfect command. Gives Jūjutsu lessons at the International Suigetsujuku Bujutsu Association (ISBA). Teaches Jujutsu in Japan and other countries.

Carry on the tradition of Asayamaichiden-ryu Jūjutsu, Shibukawaichi-ryu Jūjutsu, Yagyushingan-ryu heijutsu, Rikishin-ryu bō・kenjutsu, Anazawa-ryu naginatajutsu, Tentō-ryu bujutsu, Shintōmunen-ryu tachiiai and Heihō-nitenichi ryu.

Has published many books, including "Secret Striking Techniques"

Present address:
2-7-2 Midorigaoka, Fujiyoshida City, Yamanashi Prefecture

It is strictly forbidden to practice or teach the techniques explained in this book without the author's permission.

図説 柔術 (ずせつ じゅうじゅつ)

Nihon Jūjutsu Illustrated
Methods and Techniques

2001年4月12日　初版発行
2003年3月30日　第2刷発行

著　　　者　小佐野　淳
編　　　集　新紀元社編集部
発　行　者　高松謙二
発　行　所　株式会社新紀元社
〒101-0054
東京都千代田区神田錦町1-7　錦町一丁目ビル2F
TEL 03-3291-0961　FAX 03-3291-0963
http://www.shinkigensha.co.jp
郵便振替　00110-4-27618

カバーイラスト　寺田克也
本文イラスト　　有田満弘
　　　　　　　　福地貴子（新紀元社）
翻　　　訳　ジェローム・ルバレス
翻　訳　協　力　桑原　透
デ ザ イ ン　LET STUDIO
D　T　P　株式会社明昌堂
印　刷　所　株式会社シータス

ISBN4-88317-355-0

定価はカバーに表示してあります。

Printed in Japan

図説 剣技・剣術

時代物に登場するキャラクターたちのあざやかな剣術は居合をはじめとする古武道と呼ばれる技がベースになっています。本書ではそれら古武道として伝承されている技の数々、「二の太刀」（一刀で勝敗を決する豪快無比な示現流剣術）、「惣捲そうまくり」（五人の敵をなで切りにする連続技）、「信夫しのぶ」（暗闇の敵を倒す技）、「暇乞いとまごい」（暗殺剣）など、剣の技を中心に長刀（薙刀・槍・杖）や暗殺・護身用に使われた仕込み刀の技も紹介しています。また、眠狂四郎の「円月殺法」や宮本武蔵の「二天一流」などフィクションや歴史上での有名な技もあわせて掲載しています。

第一章 剣術の歴史
第二章 日本刀
第三章 長刀
第四章 仕込み刀
資料編 銘刀と名工

牧 秀彦 著
表紙イラストレーション 新川洋司
A五判 二九九頁
本体 一、九〇〇円〈税別〉